建设新丝绸之路

解析"一带一路"倡议对现代世界的影响

[巴基斯坦] 肖卡特·阿齐兹 著

杨维珍 译

石油工业出版社

图书在版编目（CIP）数据

建设新丝绸之路／（巴基）肖卡特·阿齐兹著；杨维珍译.—北京：石油工业出版社，2019.12

ISBN 978-7-5183-3324-0

Ⅰ.①建⋯ Ⅱ.①肖⋯②杨⋯ Ⅲ.①"一带一路"–国际合作–研究–中国、巴基斯坦 Ⅳ.①F125.535.3

中国版本图书馆CIP数据核字(2019)第080237号

建设新丝绸之路：解析"一带一路"倡议对现代世界的影响
[巴基斯坦]肖卡特·阿齐兹著

出版发行：石油工业出版社有限公司
　　　　　（北京朝阳区安定门外安华里2区1号楼　100011）
　　　　　网　　址：www.petropub.com
　　　　　编辑部：(010)64250921
　　　　　图书营销中心：(010)64523633
经　　销：全国新华书店
印　　刷：北京中石油彩色印刷有限责任公司

2019年12月第1版　2019年12月第1次印刷
880×1230毫米　开本：1/32　印张：6
字数：120千字

定价：78.00元
(如发现印装质量问题，我社图书营销中心负责调换)
版权所有，翻印必究

作者简介

　　肖卡特·阿齐兹先生，1999—2004年起连续五年出任巴基斯坦财政部长，2004—2007年期间担任巴基斯坦总理。

　　阿齐兹先生是巴基斯坦历史上首位完成任期的总理。在任总理期间，他恢复了巴基斯坦的国家信誉。施政时，他不仅仅考虑政治利益，更重视最佳的战略部署、结构改革和透明度，因而闻名。他的施政理念是基于自由化、放宽管制和私有化的原则，同时采取强有力的监管。在阿齐兹先生任内，巴基斯坦的经济显著增长、人均收入上升、贫困减少、投资激增、负债及经济指标明显改善。

　　1967年，阿齐兹先生从拉瓦尔品第（Rawalpindi）戈登学院（Gordon College）本科毕业，后在卡拉奇大学（University of Karachi）深造学习，并取得工商管理硕士学位。其后，他进入花旗银行，开始了长达30年的全球金融职业生涯，在巴基斯坦、希腊、美国、英国、马来西亚、菲律宾、约旦、沙特阿拉伯和新加坡的分支机构工作。他先后在中东欧投资银行、中东非洲投资银行、亚太投资银行和全球财富管理公司担任高级管理职务，后被任命为花旗银行的执行副总裁。

1999年，阿齐兹先生出任巴基斯坦财政部长，2001年被英国杂志《欧洲货币》(Euromoney)和《银行家》(The Banker)评为"年度最佳财长"。2013年，在Edbiz咨询公司主办的全球伊斯兰金融奖颁奖典礼上，阿齐兹先生获得全球伊斯兰金融领袖奖，该奖项表扬为促进伊斯兰银行和金融体系发展做出卓越贡献的个人及组织。

在总理任期内，阿齐兹先生担任了联合国秘书长委员会联席主席，致力于推进联合国的改革并增强其凝聚力。为表彰他为巴基斯坦做出的贡献，母校卡拉奇大学工商管理学院授予他名誉法学博士学位。2014年，阿齐兹先生被委任为英国牛津大学格林坦普顿学院(Green Templeton College)的高级客席研究员，负责该学院的年度新兴市场论坛。2014年9月，阿齐兹先生获泰国曼谷东亚大学(East Asia University)颁授荣誉工商管理博士学位。

在阿齐兹先生的领导下，巴基斯坦的经济取得了明显增长。他常就所面临的全球化问题，包括结构改革、外交、地缘政治和安全等挑战，提供专业意见并发表演讲。阿齐兹先生还是全球许多家商业和非盈利机构的董事会和咨询委员会成员。此外，阿齐兹先生的著作 *From Banking to the Thorny World of Politics* 于2016年5月由Quartet出版社出版发行。

阿齐兹在2007年博鳌论坛年会发表演讲

阿齐兹与时任意大利总理西尔维奥·贝卢斯科尼

阿齐兹与时任美国国务卿科林·卢瑟·鲍威尔

阿齐兹与德国时任总理格哈德·施罗德

阿齐兹与美国时任总统乔治·沃克·布什

阿齐兹访问孟加拉国

2017年12月4日,巴基斯坦瓜达尔港俯瞰图

巴基斯坦瓜达尔港码头建设二期工程正在加紧规划中

"一带一路"项目——中缅原油管道

"一带一路"项目——中国石油印尼项目海上钻井平台

依托"一带一路"重点项目中缅原油管道建设,缅甸马德岛早已发生了翻天覆地的变化,供水、供电不再成为问题,公路、学校、医疗站一应俱全

新加坡炼油公司(SRC)炼厂俯瞰图

中国石油国际勘探事业部巴基斯坦 9501A 队营地

土库曼斯坦阿姆河气田天然气处理厂

目 录

引言

001	**"一带一路"的重要意义**
004	"一带一路"倡议的诞生
007	"一带一路"与巴基斯坦
008	挑战与机遇
011	共同应对全球危机
016	更好的世界

第一章

019	**"一带一路"的历史根源——丝绸之路**
022	丝绸之路的历史渊源
024	从玻璃到乐器：丝绸之路上的商品贸易
027	波斯人的遗产
029	亚历山大大帝征途上的希腊遗产
032	亚历山大大帝的管理才能
033	"丝绸之乡"
038	丝绸之路的遗产

目录

039	蒙古人的崛起
043	丝绸之路重登历史舞台

第二章

045	"一带一路"倡议解读
050	"一带一路"的定义
052	"一带一路"已建项目
054	数字化互联的未来
055	相互联系和相互依存才是和平相处的真正保障
057	"一带一路"经济之外的效益
060	克服挑战
062	"一带一路"融资
064	中国的区域发展构想
065	成为21世纪世界大国的意义

第三章

069	巴基斯坦和中国——新世纪续写情谊
073	巴基斯坦基础设施现代化
075	新建中巴经济走廊路线贯穿巴基斯坦
077	投资下个世纪:"一带一路"倡议对巴基斯坦未来发展的意义

079	应对挑战
082	巴基斯坦和中国:"全天候"友谊源远流长
089	全面合作伙伴关系
091	展望未来:巴基斯坦和中国

第四章

093	**21 世纪新秩序——21 世纪的地缘政治**
095	迈向世界新篇章
099	21 世纪的中国——在世界舞台上获得一席之地
108	全球安全模式的变迁
115	全球领导危机
118	未来的安全挑战

第五章

121	**全球经济**
129	技术革命带来的变化
131	21 世纪的全球经济挑战
137	改变是唯一不变的定律
139	构建全球合作新格局
144	"一带一路":展望下个世纪

目 录

第六章

保护环境

147　**保护环境**
153　评估"一带一路"对环境造成的潜在风险和整体影响
156　提供机遇打造更加可持续发展的世界
159　所有利益攸关方都在建设可持续未来中发挥作用
161　展望未来——"一带一路"建设和可持续发展未来

结语

165　**"一带一路"倡议：
有潜力成为世界可持续发展的主要驱动力**

建设新丝绸之路 ▶▶▶
▶▶▶ 解析"一带一路"倡议对现代世界的影响

引 言
"一带一路"的重要意义

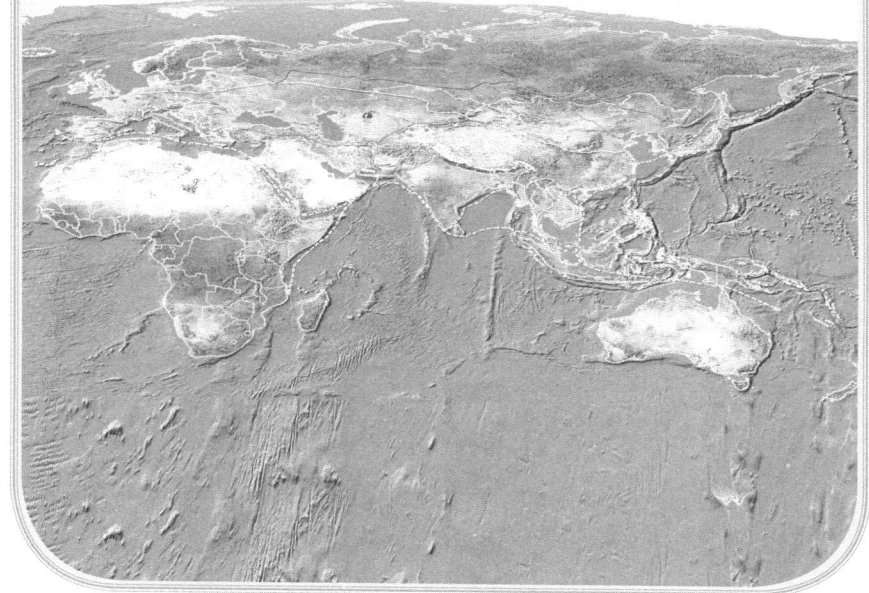

引言
"一带一路"的重要意义

我们生活的这个时代,各个世界大国既在努力适应新的世界秩序,也在彼此互相适应。许多国家似乎坚守自己的立场毫不妥协。第二次世界大战后建立的旧的国际秩序已经逐步瓦解,然而,新秩序尚未建立,无法维护国际和平与安全。因此,我们只能继续依赖现有的国际机构及其工作方式。但是,这些机构和工作方式无疑已经过时,不足以应对今天国际社会面临的挑战和机遇。

与此同时,世界正在经历更加彻底的变革。人类在 20 世纪取得的发展成果比以往任何一个时期的都多。世界的发展,不论是经济状况、社会结构、技术水平还是其他,变化速度之快亘古未有。

这就是现代世界的核心矛盾。我们既受制于旧的国际机构、国际准则和规范,也需要应对层出不穷的新动荡和新变化。

我们处理这些明显分歧的方式将会影响整个历史进程。今天,我们既有能力也有方法来建立一个繁荣平等的世界。但同时,我们也面临掉队的风险,可能会停滞不前,无法与时俱进。各国只有解放思想,大胆创新,制定适应国际变化的新规则和新方针,才能取得真正的进步。我们需要建立新的国际机构和合作管理体系，才能确保一个更加繁荣的世界，适应当今时代的社会和政治压力。全球安全秩序演变中出现了三股潮流，格外影响现代世界的形成。这些地缘政治格局的变化对人类社会的境况和新兴的安全秩序形成起决定性作用。首先，我们看到，中国在经济、政治、军事和技术领域逐渐崛起。历史上，从来没有任何一个国家能够像中国这样在如此短的时间内帮助十多亿人口摆脱贫困。

其次，越来越多的国家开始认同中国在全球政治和经济体系中的领导地位。原因有二：

其一，中国国土面积辽阔，历史悠久。作为联合国安理会常任理事国，中国理应在国际事务中发挥越来越积极的作用。不可否认，中国经济的全球影响力正在不断增强，并带动了周边国家的经济转型。中国国家主席习近平提出了"一带一路"这一宏伟倡议，旨在改变整个区域的格局，加强中国在国际上的影响力。

其二，中国推动成立了亚洲基础设施投资银行（Asian Infrastructure and Investment Bank）。该银行采用现代管理制，已经成为一家世界级的金融机构。银行任人唯才，注重效率，反映了当代而不是上世纪的世界格局。

▶▶▶ "一带一路"倡议的诞生

2015年，习近平主席宣布推出一个全新的宏伟计划。起初，

> 引言
> "一带一路"的重要意义

这个计划被称为"一带一路",旨在打造众多国家之间的合作纽带,如果推行恰当,这些国家间的合作能够持续数百年。

两千多年前,古代丝绸之路拓展了人们的视野。之后,再也没有任何国家推出过此类涵盖贸易推广、海陆交通建设、技术和文化传播的大型项目。

中国提出的"一带一路"倡议,旨在改进全球经济治理体系,促进世界共同繁荣发展,构建人类命运共同体。倡议赢得了越来越多国家的广泛响应和支持。迄今为止,倡议为"一带一路"沿线国家创造了 20 多万个工作机会;中国对外直接投资超过 700 亿美元;交通运输领域取得突破性进展,中国与相关国家开通了 356 条国际道路客货运输线路,与沿线 43 个国家实现直航,每周约 4500 个直航航班,近 1 万辆中铁快运专线投入运营。由此,这些沿线国家的基础设施得到显著改善。

中国提出的"一带一路"倡议,旨在建立多边合作机制,加强互联互通,扩大影响范围,推进经济全球化,消除贫困,实现共同繁荣。"一带一路"倡议为实现全球共同利益而努力。21 世纪,世界经济朝着一体化和全球化的趋势发展,中国能够成为推动经济全球化和一体化的中坚力量。

过去数十年,中国不断推进改革开放。"一带一路"倡议是中国深入发展策略的延续。中国努力促进区域协同发展,推动供给侧结构改革,将工作重心从经济高速增长转移到提高经济发展质量上来。因此，中国的社会经济发展速度惊人，引起了全世界的关注。2017年，中国的国内生产总值达到13.1万亿美元，仅次于美国，而且正在迅速缩小差距。中国仅用一代人的时间就已经成为世界第二大经济体、第一大工业国、第一大货物贸易国以及第一大外汇储备国。

习近平主席提出"一带一路"倡议，为中国指明了全新的发展方向和光明的未来，世界上的其他国家也可以仿效。中国鼓励此类区域融合与合作，这不仅是为亚洲人民谋福利，也为欧洲、非洲甚至全世界人民谋福利。

事实证明，"一带一路"倡议是推动全球经济增长的重要驱动力。它专注建设海陆空大通道和信息高速公路，不过，该倡议的整体成就远远大于部分成就之和。中国不断推动"一带一路"建设，最终，60余国将会实现空前规模的互联互通。

当今世界，互联互通才能得到发展。虽然"一带一路"倡议在某些方面借鉴了古代丝绸之路的成功经验，但是，这个倡议依然是前瞻性的，奠定了21世纪国际合作的基调。在经济全球化的今天，没有任何一个国家能够独自实现经济发展。想要实现永久和平，各国必须长期合作、互相依赖。只有开放，才能达到真正的创新；只有合作，才能实现永久共赢；只有实现思想、信息、商品、服务、消费和资本的自由流动，才能发挥它们的最大价值，实现互利共赢。"一带一路"倡议正是这样一个良机，让各国能够自由交换生产要素,促进国际分工与合作。

"一带一路"倡议有利于稳定国际秩序,优化资源配置,赢得民心,实现互利共赢。各国要努力与中国在国防、安全和经济等领域建立更全面的合作伙伴关系,从而实现共同发展。

▸▸ "一带一路"与巴基斯坦

巴基斯坦从"一带一路"倡议中获益良多。中巴两国在"一带一路"倡议中建立的永久伙伴关系加强了两国的传统友谊。我担任巴基斯坦总理一职时,已经见证了中巴两国实实在在的互利共赢关系,这个关系既不依赖于短期利益,也没有针对任何其他国家。中巴关系可以在很多方面成为各国发展双边关系的成功典范。两国互为邻国,需要维护共同利益,支持彼此的稳定与繁荣,才能实现共赢。

近年来,"一带一路"倡议的实施将为巴基斯坦带来巨变。主要的基础设施建设项目,如巴基斯坦的第一条地铁线路"橙线"(Orange Line),将帮助连通巴基斯坦,让巴基斯坦各地享受均等的发展机会。

近年来,巴基斯坦的经济增长迅速。2017年,巴基斯坦的国内生产总值达到了3050亿美元,其经济发展速度预期将超过世界平均水平,成为新兴市场国家。到2025年,巴基斯坦有望成为世界第十五大经济体。巴基斯坦拥有 2.07 亿人口，人力资源丰富，市场潜力巨大。目前，巴基斯坦的手机用户达 1.4 亿，互联网和宽带全面普及，电商销售额达数十亿美元。

"一带一路"倡议为巴基斯坦带去了实实在在的利益，受到了广泛认可，成为巴基斯坦经济发展的新动力。中巴经济走廊是"一带一路"的枢纽项目，总投资额达 550 亿美元，目标宏伟，具体项目包括建设瓜达尔港（Gwadar Port）、敷设能源管道和光缆、建造电站、修筑公路和高铁以及设立经济特区。截至今天，这些项目尚在建设中。这些项目完成后，巴基斯坦将成为一个新的国际化陆路交通枢纽，促进"一带一路"沿线产业园区的发展，帮助解决沿线国家长期面临的能源短缺问题。"一带一路"倡议有助于降低巴基斯坦的贫困率，提高巴基斯坦人民的生活水平。参与"一带一路"倡议后，巴基斯坦会打造更加完善的交通设施，为创业企业提供更多贷款和发展机会，也为无数巴基斯坦人民创造更多的就业机会。

▸▸ 挑战与机遇

随着基础设施的改善，商品流动性增强，人与人之间的联系更加紧密，从而推动社会繁荣发展。"一带一路"倡议的实施会催生更多的行业和工作机会，转而促进各个市场和国家间的贸易交流；人员流动更加频繁，各文化间加深理解、更加包容。"一带一路"倡议，与所有其他宏大的计划一样，在实施过程中都会遇到挑战。不过，"一带一路"沿线工业园区的发展能提升数百万人民的生活水平，创造更多的发展机会，深化区域合作。随着经济发展，人民收入提高，国家的制造能力增强，消费水平提升，市场影响力也随之扩大。

不过，此类倡议带来的好处远远不止经济效益。有了便捷的交通，人们的思想更加开放，市场更加自由化，从而创造更多的发展机会，提高个人以及家庭的生活水平。只有这样，国家才能真正实现和平发展。这又让我联想到世界发展的第二大趋势，即世界影响力中心在不断演变，这种演变是必然的。一直以来，以联合国为主导的全球治理结构体系和以世界贸易组织（WTO）为基础的世界贸易体系为各国提供了公平的竞争平台和有利的发展环境，确保世界和平稳定发展。然而，这些已经无法满足21世纪多极世界的发展要求了。

目前，联合国正在逐步退出世界舞台，其在中东问题上的影响力减弱，也无法说服北大西洋公约组织（NATO）成员国发挥更积极的作用。

此外，国际金融经济危机加速削弱了以往的世界权力中心的经济领导力，尤其是西方权力中心的经济领导力，产生了深远影响。即便出现了政治经济的开倒车、推行地方保护主义、建立军事同盟以及进行海上挑衅等情况,这些国家的政治或经济影响力也回不到从前。

与此同时,俄罗斯在中东发挥着越来越积极的作用,不论是外交政策还是直接干预,这在数十年来属于首次。此外,多年来,俄罗斯一直投资增强自己的军事实力,并与中国以及上海合作组织的其他成员国都建立了战略合作伙伴关系。

不论各国如何看待俄罗斯的复兴,要维持新的国际安全秩序,俄罗斯不可或缺。以我的经验,任何时候,各国都要确保沟通渠道的畅通。不论国家间的关系多么紧张,保持对话和理智外交非常重要。

新的国际安全秩序要求实现世界新旧权力中心的平稳过渡,尤其是中美两国之间的过渡。不言而喻,两国的对抗不利于世界和平、安全和繁荣。中美双方要共同努力,避免所谓的"修昔底德陷阱"(Thucydides Trap)。此说法源自古希腊著名历史学家修昔底德(Thucydides)(前460年至前455年间—约前400年)。他认为,一个新崛起的大国必然要挑战现存大国,而现存大国也必然来回应这种威胁,如此一来,战争便不可避免。修昔底德记录了在他生活的那个时代,两个超级大国斯巴达和雅典之间的战争。他认为,雅典作为一股新兴力量,其崛起对传统强国斯巴达造成了威胁,导致两国关系破裂,引发了全面战争。战争导致雅典和斯巴达共同毁灭。我们要吸取这个著名案例中的经验教训，避免陷入毫无意义的冲突。

我坚信，多极世界优于单极世界。不能因为新兴力量的出现就担心国际稳定局势受影响，相反，新兴力量能为维持世界稳定做出贡献。

共同应对全球危机

各国政府和人民要集思广益，解决国际社会面临的许多迫在眉睫的问题，如恐怖主义、气候变化、世界贫困、日益加剧的不平等、自然灾害和网络安全威胁。任何国家都无法单方面解决这些问题。各国必须要认识到，促进邻国的繁荣发展也将会帮助本国实现长远发展，维持邻国的稳定才能最终实现本国的利益。

同样，一个国家在世界上的影响力越大，其肩负的责任也就越大。各国只有分享自己成功的治国理念和经验，才能加深国际影响。只有帮助邻国一起繁荣发展，本国才能实现长久繁荣和发展。各国都需要与稳定繁荣的国家为邻，这是符合本国利益的，大家都明白这个道理。近期，朝鲜与美国的关系出现历史性缓和，这是解决世界安全问题的重要一步，也是大国合作的有力例证。朝鲜和美国能够实现对话，中国的调停功不可没。这也充分证明，只有国际合作，才能进行相互对话，实现长远和谐与和平，这一点值得我们注意。一些国家和地区经历了连年的反应性行动，并在大国的共同努力下接受调停。在此基础上,世界大国还应共同努力,解决全球面临的其他问题。在更为广阔的外交领域,中国一直在处理国际事务方面为各国树立了榜样。我从来没有遇到中国干涉他国内政或联合一些国家与其他国家对抗。

在某些方面,整个世界越来越不稳定,各种事件加速出现。各国政府努力迅速应对这些危机。2016年7月,英国进行的脱欧公投证明了"欧洲计划"(European Project)的逐步瓦解。全球金融危机让人们质疑欧洲一体化的进度、声望和作用,欧元也是加重希腊和其他地中海国家的不良债务危机的原因之一。

叙利亚冲突和中东以及非洲的局势动荡和经济紊乱引发了大规模难民潮,削弱了欧洲的自由主义价值观,导致个别欧洲国家极右势力抬头。同时,北大西洋公约组织其他成员国与土耳其在战略观念上存在分歧,导致北约的公信力受到质疑。英国脱欧进一步削弱了欧洲的一体化进程。支持欧洲一体化的英国公民认为自己从中获益,愤愤不平的反欧者确信欧盟拖了英国的后腿。英国脱欧公投加剧了他们对彼此的不满。

优良的管理,尤其是有效的领导,才能解决上述问题。然而,今日世界缺乏强有力的领导者。我们需要更多的大国崛起,增强影响力,处理国际事务,应对我们共同面临的全球性挑战。

危机处理不当对国际社会产生了数个严重影响。其中最严重的影响之一是中东问题,该问题是由于未能妥善解决中东危机而导致的。数十年来，中东一直冲突不断，长期悬而未决的争端不断导致人员伤亡。近期的军事干预和外国的政权更替更是加剧了中东问题。首先，新旧恐怖组织不断出现，伊斯兰国❶迅猛发展。伊斯兰国貌似在伊拉克和叙利亚遭受重创，却未能被完全消灭。其思想和分支有意无意间继续在其他国家和地区蔓延。总之，近年来，中东面临的重重危机愈加复杂化。目前，国际社会未能制定一个总体计划来帮助中东恢复和平与稳定。相反，世界大国主动退出，避免扮演调停角色。

我们需要集体承担责任，而非一再退让。世界的全球化本质意味着中东的不安定会产生广泛影响，恐怖主义不分国界。恐怖分子既不遵守公约，也不受国家边界的限制。因此，我们必须集思广益，研发新战略。这个战略必须具有双重目标：

首先，我们必须与利害关系国进行严肃对话，同时，增强安全合作，也将非国家行为体纳为合作对象。其次，利害关系国要重新将重心转移到推动国家繁荣发展上来，明确地向全体人民展示和平红利，毕竟，在这些国家，年轻人占主导，他们在充满战争硝烟的环境中长大。目前，国际社会需要做出一个重大的类似马歇尔计划（Marshall Plan）的承诺。要在短期内实现这个承诺，

---

❶伊斯兰国：全称为伊拉克和大叙利亚伊斯兰国，是一个活跃在伊拉克和叙利亚的极端恐怖组织。

可能要付出巨大代价，但是，如果能够实现区域安定，获得的益处是无价的。

世界人口激增。倘若国家投资在公民教育和健康领域，新增人口能够有助于国家实现更加迅速的经济增长。如果没有投资在这些领域，随着贫困人口增多，失业率上升，可能造成国家动荡不安、冲突频繁、恐怖主义泛滥。因此，必须制定和推行一系列计划，明确优先考虑贫困人口，最终实现世界各国人民平等和包容性发展。

技术更新速度空前绝后。过去的一个世纪，由于科技发展，人类在地球上的生存性质完全改变。从积极意义上而言，由于飞机、电视以及互联网的出现，地球缩小为地球村。技术发展，引起生产规模和贸易规模扩大，市场达到了前所未有的繁荣。人工智能的发展，包括"智慧城市"的出现，为人类社会带来了巨大变革。当下，城市规模不断扩张，交通堵塞，我们需要提高能源利用率，保护地球环境。户外行动互联互通，成为改善人们生活的一种新方式。在这个正确策略的指导下，我们可以考虑打造一个大型的系统，这个系统有点类似"健康及交通量监控器"，用来识别潜在问题，如环境污染、交通堵塞、安全威胁甚至个体活动，如需要紧急救援。我们还可以集中采集系统运行时产生的数据，建成一个知识库，让人工智能从中学习，进一步掌握方法，实现最优化管理一个健康城市、预见安全问题并采取行动防止问题发生，从而维护用户的利益。总之,显而易见,世界面临的衣食住难题都有可能通过技术变革而得到解决。

不过,必须谨慎对待技术变革。技术变革会催生新型武器系统和新的战争形式,如网络攻击、无人机攻击,以及"可用的"微型核武器。技术能够破坏现有的经济、社会和政治模式,扰乱传统的生活和工作方式。有了技术加持,多元化和不平等的国家和群体之间加强了互动,强化了互相矛盾的民族主义和民族身份,催生了民粹主义、种族歧视和法西斯主义。

我刚提到的地缘政治变化趋势和我们今天面临的全球挑战都对国际安全造成了威胁。任何国家,无论多么强大,都无法单独消除这些威胁。世界所有大国必须共同合作,通过有效地获得授权的国际机构,联合采取行动,才能解决这些问题。

习近平主席提出了这样一个国际合作的构想,即"创建人类命运共同体",世界各国领导人应当共同推进具体措施来实现这一伟大构想。决策者们均能从更广泛的思想交流和经验共享中获益。如果他们各自坚持各自的主张,结果往往不尽人意。

我们应当重申对重要国际共识的支持,如防止核扩散、反恐和应对气候变化;继续努力提高联合国、国际货币基金组织(International Monetary Fund)、世界银行(World Bank)、世界贸易组织以及其他国际组织的工作效率。多半个世纪前成立的国际机构亟须改革,与时俱进。如果一个国际组织本质上停滞在过去，其如何发挥重要作用解决今日世界面临的问题？

如果那些国际机构继续抵制改革，我们应当更加努力，建立一个新的全球合作体系。我们应当公开公正地列出世界上主要存在分歧和冲突的地区，即北亚、南亚、东南亚、中东和欧洲。我们应该公平公正，制定符合大家共同利益的对策，实现共赢。

▶▶▶ 更好的世界

与此同时，我们也必须通过外交和对话解决长期存在的紧张局势和分歧，并消灭所有可能导致紧张局势的意图。一个强大稳定的亚洲能让世界受益匪浅，在面临需要全世界共同应对的日益复杂的安全挑战时，这一点尤其突出。数个全球挑战要求最高层次的国际合作，这种合作只有各国互信才有可能实现。要做到这一点，最好的方法就是通过经济外交，打造各国共同的未来。

几乎在所有情况下，经济合作都是解决冲突的关键。中国的"一带一路"倡议提出了这样的发展前景，为整个国际社会而非仅仅参与倡议的60多个国家带来贸易和生产规模扩大以及更加繁荣的经济。这个大胆的倡议阐释了如何通过国际开发与合作实现经济增长和繁荣，为世界其他国家树立了榜样。"一带一路"倡议让参与国受益，同时，中国也为"一带一路"沿线其他国家敞开大门。

我们今天面临的许多障碍，既是挑战，也是机遇。古代，埃及使用发霉面包治疗感染,从这个古方中,有人看到的是霉,有人则看到了强大的抗菌剂,在此基础上,人们发现了青霉素。同样,我们应当采用更发散的思维方法来解决当下面临的问题。从技术革命到不断改变的世界秩序,我们几乎都能找到机会,发现增长的可能性和空间。

因此,我相信,我们也能够将目前面临的一些最大挑战转变为机遇,从而构建一个更好更稳定的世界。世界上没有哪种改变是轻而易举或毫不费力完成的。要实现目标,我们需要打造坚定的政治决心,获得所有国家重要涉众的支持,拥有战略领导力,这一点最为关键。

释放这些机会,不仅能推动建立全球新秩序,也能确保全人类在这个新世纪的和平、稳定和进步。

展望未来,我们要齐心协力,尽可能公正地分配增长红利。所有国家应该共同努力,缩小差距,促进平等,建立一个公平的社会,实现机会全民共享。

我们也需要不断创新,促进贸易,增加投资,获得全球市场准入。不论发展程度如何,世界各国都需要持续改革,改善治理,不能间断。

习近平主席提出"一带一路"倡议,为中国指明了全新的发展方向和光明的未来,世界上的其他国家也可以仿效。中国鼓励此类区域融合与合作，这不仅是为亚洲人民谋福利，也是为欧洲、非洲甚至全世界人民谋福利。

肖卡特·阿齐兹

2018 年 12 月于伦敦

建设新丝绸之路 ▶▶▶
▶▶▶ 解析"一带一路"倡议对现代世界的影响

第一章
"一带一路"的历史根源——丝绸之路

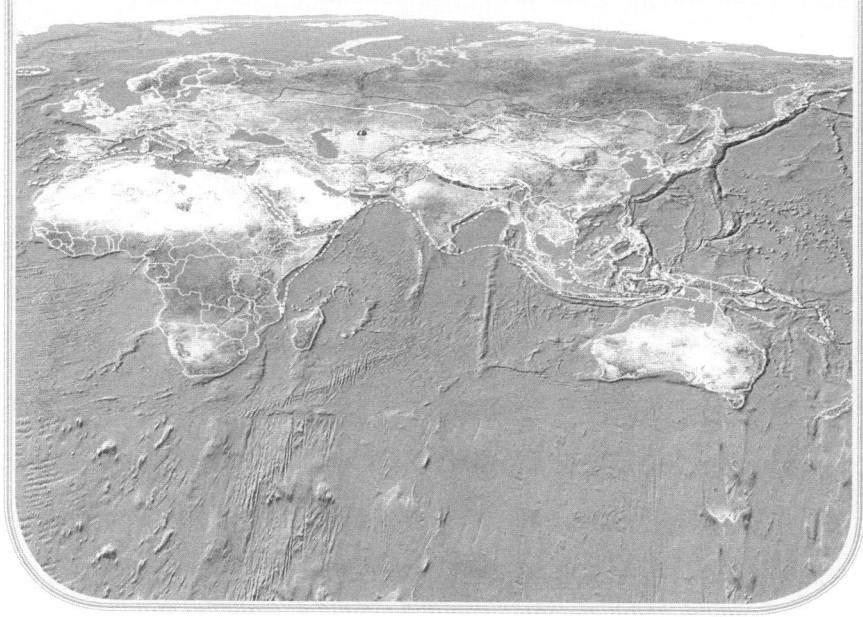

第一章 "一带一路"的历史根源——丝绸之路

2017年,在北京举办的"一带一路"国际合作高峰论坛开幕式上,习近平主席在演讲中提到,"历史是最好的老师"。包括29位外国元首和政府首脑在内的来自130多个国家和70个国际组织的代表出席了此次高峰论坛,证明了"一带一路"倡议已经产生强大的影响力。此次高峰论坛的报道称赞"一带一路"倡议是中国塑造的"新世界秩序"的其中一环,然而,本质上其更深刻的寓意在于将现代中国与两千年前的历史联系起来。两千年前,中国开创了全世界空前规模的互联互通。

习近平主席在主题演讲中提到,"古代丝绸之路的成功表明,地理距离并非不可逾越。"

目前,中国想要复兴的正是"丝路精神"。2013年,习近平主席宣布推出"一带一路"倡议,重建丝绸之路。"一带一路"倡议是世界上最宏伟的基础设施项目。用习近平主席的话说,古丝绸之路积淀了以"和平合作、开放包容、互学互鉴、互利共赢"为核心的"丝路精神"。项目完成后,新丝绸之路将覆盖世界三分之二的人口,沿线国家的国内生产总值占全世界的三分之一;

中国将变成全球贸易的强劲核心："一带一路"沿线国家的基础设施，如搭建的桥梁、铺设的管道以及修筑的铁路，将成为全球贸易的主要交通动脉。

这不是中国首次置身于世界的中心，发挥连接东西方的重要桥梁作用，这一点至关重要。

丝绸之路的历史渊源

习近平主席并非凭空提出"一带一路"倡议。首先，"一带一路"倡议源于古代丝绸之路。古代丝绸之路是强盛的汉朝在经济方面取得的最大成就，也是两千年来横跨亚欧大陆的贸易交通、文化交流的主动脉。古代丝绸之路完全可以视为世界经济奇迹之一。

习近平主席在他的演讲中提到，"丝路精神"就是将不同地域、不同时代、不同信仰和不同文化背景的人连接起来。古丝绸之路绵亘万里，延续千年，积淀了以和平合作、开放包容、互学互鉴、互利共赢为核心的"丝路精神"。

其实，亚洲多条商贸道路均被称为"丝绸之路"。时下关于这个话题有诸多观点，但是，在古代，"丝绸之路"不是指中国去往欧洲的单一路线。确切地说，"丝绸之路"是一个繁复错杂的道路网，能够促进国际贸易和文化交流。有了"丝绸之路"，中国及其邻邦可以抵达地中海盆地（Mediterranean basin）、黎凡特（Levant）（今中东和巴尔干南部）和中亚并深入阿拉伯国家和北非。

汉武帝刘彻（前156年—前87年）派遣外交使团抵达中亚各国，首次开启了"丝绸之路"。随后，中国开始探索诸多商贸路线，最终，丝绸之路东起中国古都长安（今西安），向西北延伸至地中海东海岸，商业发展前景广阔。

今天，这个商贸和文化交流道路网被称为丝绸之路。早期，丝绸之路沿途已经开发了许多小规模的地方性道路。尽管如此，我们依然能确认公元前2世纪丝绸之路起源的那个唯一且伟大的时刻。匈奴作为一个强大的北方游牧部落联盟，长期骚扰中国大汉王朝的西部和北部边境。匈奴后裔在欧洲被称为"匈人"，他们最终导致了西罗马帝国的灭亡。公元前138年，汉武帝派遣使者张骞出使西域，希望联合西域诸国，共同打击匈奴。张骞及使团先后到达多个中亚国家，其中，他认为汉朝可以和"大宛人"，即"大爱奥尼亚人（Great Ionians）"，联合抗击匈奴。大宛由亚历山大军队后裔成立的希腊巴克特里亚（Greco-Bactrian）王国发展而来，有绝世宝马。张骞向汉武帝汇报了西域的情况，认为双方可以联合对抗烧杀抢掠的匈奴。

张骞出使西域，不仅打通了汉朝与西域各国之间的联系，也引进了先进的马种培育技术，为汉朝骑兵提供良驹。中国人使用马匹的历史源远流长,早在公元前 1500 年的商朝,就出现了骑兵以及用马匹牵引的战车。西域的马匹头细颈高,四肢修长,力量大,速度快。在大宛宝马的帮助下,汉朝击败了匈奴,匈奴西迁,最终到达黑海和多瑙河,在那里,他们令敌人闻风丧胆,在罗马帝国的相关资料里被称为"匈人"。

张骞出使西域成功地促进汉朝与西域诸国的贸易。受此鼓舞,汉武帝开始考虑扩大与西域诸国的贸易规模。于是,公元前 130 年,丝绸之路开通。同期,安息(今伊朗),这个波斯帝国的继承者,终于控制了美索不达米亚(Mesopotamia),并随后控制了丝绸之路,成为连接中西方的纽带。横跨亚欧大陆的贸易和开发由此展开,延续千年。

▸▸▸ 从玻璃到乐器:丝绸之路上的商品贸易

丝绸之路交通网,自中国开始,经印度和巴基斯坦,向西贯穿美索不达米亚和小亚细亚(Asia Minor),抵达埃及、非洲大陆、希腊、罗马,最终到达了英国。这条道路上西运的货物中以丝绸制品的影响最大,尤其是在罗马,因此得名"丝绸之路"。奥古斯都(Augustus)(前 63 年—14 年)统治罗马帝国时,中国和西方已经确立了稳固的贸易关系,当时,丝织品是埃及、希腊尤其是罗马最畅销的商品。

第一章
"一带一路"的历史根源——丝绸之路

丝绸之路是一张海陆贸易交通网,从中国出发,东至朝鲜和日本,南经中亚抵达印度,西至土耳其和意大利。丝绸之路有两千多年的历史,其具体线路随着时间流逝发生改变,反映了不断变化的经济和地缘政治格局。除丝织品外,丝绸之路上进行贸易的其他商品有玻璃、棉花、羊毛,还有黄金、白银、玉器、青金石的贵重物品,盐、香料、中药、水果、鲜花、马匹,甚至乐器。许多路段其实路况不佳,行人需要鼓足勇气穿过荒漠,越过高山,忍受极端气候,还要面对海上航行时险恶的水域条件和海盗的威胁。尽管如此,丝绸之路沿途各国勇敢面对这些困难,有力地证明国际贸易和互联互通的重要性。

要谨记,古代丝绸之路的重要意义远远不止经济效益。其不仅是一条通商易货之道,更是一条知识交流之路。在丝绸之路上,人们既交易丝绸等贵重物品,也交流文化、传播技术。东西方国家在音乐、舞蹈、戏剧表演方面互相学习。中国的演员频频去君士坦丁堡(今伊斯坦布尔)演出。东突厥(Eastern Turkestan)和中亚的音乐经丝绸之路进入中国并广为流传。此外,喀什(Kashgar)、布哈拉(Bukhara)和撒马尔罕(Samarkand)的音乐传统与中国的互相融合。来自伊朗、粟特和突厥的演员对中国舞蹈艺术的发展做出了卓越贡献。大量收藏的棕褐色陶俑,如戴面具的舞者和演员、骑着骆驼的乐队,都证明丝绸之路上发生了大规模的跨文化融合,这些陶俑从面相上看是传统的中亚人。

哲学及宗教思想经丝绸之路传播。基督教、伊斯兰教与拜火教一道沿着丝绸之路传入中国。佛教曾是贵霜帝国（Kushan kingdom）（公元 1 世纪—3 世纪）流行的宗教之一，后来随丝绸之路传入中国。佛教僧人跟随贩货的商队，从印度出发，进入中亚和中国传教。在丝绸之路沿线城市分布有大量的佛教古迹，证明了佛教的深远影响。

苏菲传道者也通过丝绸之路将伊斯兰教和平传入中国。伊斯兰教源于西亚，后传入伊朗、中亚、中国和印度。在 13 世纪后期，一股传播基督教的新浪潮在丝绸之路盛行开来，丝绸之路成了基督教传教活动的媒介。此类宗教活动不仅广泛传播了宗教信仰，也成为各国加深理解、包容和融合的重要途径。

丝绸之路还促进了各个国家和不同文明之间的技术传播，其规模之大前所未有。数百年来，丝绸之路上来往的不仅有商队，也有科学家，其中最著名的是威尼斯商人马可·波罗（Marco Polo）。

中国人在汉代发明了纸，后来还发明了火药，这两项发明对社会和文化的影响远大于丝绸。公元 8 世纪，纸张沿着丝绸之路向西传播，经中亚和中东，最终传入欧洲，取代了欧洲古老的书写材料羊皮纸和莎草纸。如果没有纸张的传入，欧洲和中东社会将不会出现伊斯兰黄金时代、文艺复兴、启蒙运动以及科学和工业革命，推动社会进步。中国还向西方出口了许多其他关键技术，包括早期的活字印刷术和火药,也传播了武术、宝贵的书法艺术、绘画和制瓷工艺。中国通过丝绸之路的贸易交流改变了全世界。

东方丰富的香料品类对人们生活的改善也远远超过大众的认知。早在14世纪,就出现了英文记录的咖喱食谱,比英文记录的土豆食谱早多了,土豆在400年后才在欧洲广泛传播。

此外,丝绸之路还有利于建筑设计理念和城镇规划方式的传播,对沿途各国产生了影响。有中亚的数个标志性建筑为证,包括帖木儿大帝(Timur)在撒马尔罕敕令修建的建筑、牙思市(Yassy)(音译)的清真寺、沙赫里萨布兹(Shahrisabz)的帖木尔夏宫(Ak-Serai Palace)以及古尔·艾米尔陵墓(Timrids tombs at Gur-Emir)。这些建筑由来自伊朗、阿塞拜疆、亚美尼亚、格鲁吉亚、伊拉克、叙利亚、小亚细亚和印度的建筑大师融合各国的建筑风格、建筑造型和建筑工艺而完成,有力证明了国际合作对此类大规模项目的重要意义。

唐朝都城长安,即今天的西安,成为当时世界上最大的国际大都市,云集了丝绸之路上往来的各国使者、客商、僧侣以及传教士。

▸▸ 波斯人的遗产

历史上记载,丝绸之路开通于汉朝。然而,在此之前已具雏形。

波斯阿契美尼德王朝（Achaemenid Empire），作为近东的首个超级大国，在统治时期修筑了波斯御道，后来，这个御道成为丝绸之路交通要道的一部分。波斯御道以伊朗西北部的苏萨（Susa）为起点，延伸到地中海，沿途建有驿站，专为往来信差提供马匹。公元前5世纪，被称为"历史之父"的古希腊历史学家希罗多德（Herodotus）（约公元前484—前425），曾这样描述波斯信差的送信速度和效率：

这世上再也没有什么东西比这些波斯信差更为矫健。不论风霜雨雪，不论严寒酷暑，不论白天黑夜，这些信差以极快的速度完成交给他们的任务。波斯人维修御道，并适时整合小路，将御道拓展延伸至印度次大陆，经美索不达米亚（今伊拉克）抵达埃及。

19世纪末，著名的德国地质学家费迪南·冯·李希霍芬（Ferdinand von Richthofen）男爵将这条庞大的交通网命名为"丝绸之路"，这个名字一直沿用至今。波斯御道，和古罗马大道一样，在造福国家人民的同时，也给他们带去了灾难。有了便捷的交通，波斯人在商贸中占尽优势、获利丰厚。然而，这些干道也方便了时疫传播。

波斯人乐意接受新思想、尝试新实践，他们建立的行政体制保证了一个多文化、多民族的庞大帝国良好运行。这个帝国在鼎盛时期，拥有近四千万人口，官员都接受了良好的教育，高效管理着国内方方面面的经济活动。有了连接小亚细亚沿海地区和巴比伦（Babylon）、苏萨和波斯波利斯（Persepolis）的道路网，相距 1600 英里之遥的人们在短短一周之内就可以到达。

公元前 525 年，波斯军队占领了尼罗河三角洲，波斯帝国成为首个横跨三大洲的繁荣帝国，领土涵盖了北非、中亚、欧洲和地中海世界。之后，马其顿王国、罗马帝国和伊斯兰帝国也相继成为横跨亚、欧、非三大洲的帝国。

亚历山大大帝征途上的希腊遗产

丝绸之路的互联互通给沿线各国带来了诸多好处，但是也有阻碍繁荣发展的一面。由于丝绸之路的繁荣，许多亚欧大国争相竞逐对贸易路线的控制权。

当时，欧亚大陆上发生的许多冲突，都是为了武力争夺这些重要的贸易路线，或阻挠别的国家修筑类似的商贸大道。绵延千里的丝绸之路上，倘若一个国家或一个朝代能够控制哪怕其中的一段，就能通过对客商征收关税获得巨大财富。对 18 世纪的殖民者来说，控制丝绸之路，尤其是控制连接中亚的部分，至关重要，有助于他们在中亚的地缘政治大博弈。其中，沙俄和大英帝国争夺对阿富汗的控制权，这也为近年来英、俄对阿富汗的干预埋下伏笔。

各国都争夺对丝绸之路的控制权,其中最著名的例证之一便是亚历山大大帝的征讨。公元前4世纪,马其顿国王亚历山大大帝用一系列精彩的闪电战消灭了波斯帝国。亚历山大大帝,作为欧亚两大洲最著名的勇士和统帅,占领埃及全境,荡平波斯帝国,使得他和他的继承者控制丝绸之路长达300年。他们彻底改变了地中海和亚洲的版图,向当时的已知世界传播希腊文化和影响力。

马其顿国王亚历山大三世,即亚历山大大帝,开创了阿吉德王朝。亚历山大三世自比古希腊神话中的阿喀琉斯(Achilles)和赫拉克勒斯(Hercules),阿喀琉斯是特洛伊战争的英雄,赫拉克勒斯是众神之王宙斯的儿子。亚历山大崇拜并效仿这些传奇人物,征战途中,他枕边一直放着一本荷马史诗《伊利亚特》(Iliad),借此激励自己。他身着深紫色丝绸长袍,这同样证明丝绸是当时权力和权威的象征。

公元前356年,亚历山大大帝出生于马其顿首都佩拉(Pella),20岁时从他的父王腓力二世(Philip II)手上继承了王位。腓力二世征服了希腊城邦。继承王位后,亚历山大大帝半生戎马,在中东和中亚开疆扩土,一直攻到印度和阿富汗。32岁时,亚历山大大帝打造了当时世界上领土面积最大的国家,国土面积达200万平方英里,从希腊一直延伸到印度西北部。在亚洲所有大国中,亚历山大大帝唯一没有进入中国。

亚历山大大帝接受了良好的教育，幼时便师从亚里士多德（Aristotle）。亚里士多德是柏拉图（Plato）之后西方最著名、最有影响力的哲学家。亚历山大酷爱希腊文化，梦想不仅要征服世界，而且要使世界希腊化。他在亚洲广泛传播希腊文化、艺术和经典著作，并将希腊文明与亚洲浩瀚的知识以及亚洲人民的文化创意结合。此举影响深远，一直持续到今天。

公元前334年，亚历山大大帝发动了对波斯帝国的入侵。他指挥了一系列精彩的战役，十年后，消灭了这个欧亚大陆上的首个超级大国。他先占领了安纳托利亚半岛（今土耳其），然后通过一系列关键战役摧毁了波斯的军事力量。这些战役中，最著名的是伊苏斯（Issus）战役和高加米拉（Gaugamela）战役，地点靠近今天伊拉克库尔德斯坦地区（Kurdistan）的现代城市杜胡克（Dohuk）。高加米拉战役也被称为阿尔比勒（Arbela）战役。经此一役，亚历山大大帝打开了波斯帝国的大门。波斯帝国国土面积辽阔，东至印度河流域。丝绸之路便是沿着亚历山大大帝东征的路线一直延伸到中亚。

希腊人占领中亚长达3个世纪之久。他们首先建立了希腊化国家塞琉古帝国（Seleucid Empire）。塞琉古帝国由一位希腊的政治精英领导成立，主要在城市传播希腊文化，确保希腊风俗的统治地位。在全盛时期，塞琉古帝国控制了安纳托利亚半岛中部、波斯、美索不达米亚、巴基斯坦和阿富汗的部分土地以及土库曼斯坦。亚历山大大帝以他的名字命名了十座城市，最著名的就是埃及北部的亚历山大港（Alexandria）。亚历山大港成为希腊罗马文化的知识中心，那里有亚历山大图书馆，是古代世界奇迹之一。

▸▸ 亚历山大大帝的管理才能

亚历山大大帝之所以能够治理不断扩张的疆土，是因为他和之前的波斯人一样，依赖于当地的精英。传言亚历山大大帝曾说，"如果我们想守住亚洲，而不仅仅是攻克亚洲，必须在当地施行仁政，当地人的忠诚才能使我们的帝国稳定长久。"

马其顿人和波斯人都乐意遵从所征服的土地的异国风俗，亚历山大大帝尤其推崇此举，他认为这是波斯能够称霸亚洲和中东的诀窍之一。亚历山大大帝很快就采纳了这个方式，认为这样可以使他（以及马其顿人）赢得当地精英的爱戴，从而留下来帮助管理新成立的帝国。治国方面，亚历山大不会直接武力镇压，他逐步用希腊和马其顿的精英取代了波斯人，并融合了东西方文化。亚历山大大帝沿着通往巴克特里亚以及更远地方的贸易路线去征服波斯帝国。途中，他以自己的名字命名了许多城市。亚历山大帝去世后，希腊巴克特里亚文化在印度和巴基斯坦盛行。近期，南亚的考古发掘发现了希腊风格的城市、庙宇和货币。

亚历山大大帝攻克的土地上，地方官员和精英依旧保留原职，治理这些城镇。亚历山大本人选择使用波斯传统头衔、身穿波斯服装，强调他接受当地习俗。他的行为受到当地人的群嘲，认为他的征服仅仅带去了苦难，让鲜血浸透了土地。但是，他不愿被视为征服者，相反，他渴望将自己打造为一个古代王国和文化的最新继承者。要记住，大部分我们掌握的关于亚历山大发动的战役、取得的成就和制定的政策的信息都来源于后来的历史学家的记载，他们的叙述往往是高度浪漫化的，激情澎湃地描述这位年轻的军事天才的成功。而对当地人而言，亚历山大既是恶魔，也是英雄，这要看叙述主体是谁，以及马其顿军队的到来对他们产生的影响。

▸▸ **"丝绸之乡"**

欧西德莫斯一世（Euthydemus I）（公元前260年—公元前195年）治下，希腊巴克特里亚的国土继续向东扩张。根据古希腊历史学家斯特拉博（Strabo）（公元前64—公元24年）的说法，"希腊人将帝国扩张到赛里斯国"。赛里斯国就是古希腊和古罗马人对中国的称呼，意思是"丝绸之乡"。

中国保守丝绸生产的秘密长达数百年之久。为了获取这个秘密，奥斯曼土耳其人和波斯人开战。英法相互竞争，垄断丝绸市场。尽管如此，丝绸轻而易举地在全球市场流通，无论到哪里，都成为当地文化创意的载体。它催生了各类技术、模式和风格。每种接触丝绸的文化都反过来增添了丝绸的魅力。

长久以来，丝绸材质特殊，夏凉冬暖，吸收性强，上色效果优于棉、羊毛或亚麻。丝织品柔和贴身，因而受到各国精英的青睐，用于制作日本的和服、印度的纱丽和古罗马皇帝的长袍。不过，丝绸的用处远远不止于此。丝线韧性很强，比钢丝轻，比尼龙更灵活，可以用于手术缝合。丝线防火防腐，是非常宝贵的材料，可以用来制作优质的渔线、造纸甚至是乐器的琴弦。

自汉代起，丝绸成为一种流行的贸易品，用于为王室送礼和朝贡，最终甚至成为类似黄金或货币的商品交易媒介。在中国，农民用丝绸交税，而公务员的工资也以丝绸的形式发放。

时至今日，人们普遍认为，在古代中国和西方世界都不知道彼此的存在，这其实是错觉。中西方的首次接触大约发生在公元前200年。中国的史料记载，公元166年，数位古罗马大使抵达了中国，此后，中国和古罗马的外交关系一直持续到了3世纪。

令人惊讶的是，在长达数百年的时间里，中国和古罗马，作为古代世界的两个大国，一直保持间接接触和贸易。在中国的史料中，只出现了一次对古罗马世界的直接描述。鱼豢，三国时期著名的学者和历史学家，虽然本人从未迈出过国门，依然从古罗马水手那里仔细搜集了关于古罗马的描述和故事。

鱼豢的著作开篇引人入胜，讲述了欧洲沿途没有盗贼，却有"猛虎和狮子"攻击和杀死路人。因此，鱼豢认为，路人只有成群结队才能顺利通过，并建议个人不要单独走那些荒蛮小路。

鱼豢以东方视角向读者概述了西方世界，讲述了士兵、商人和旅人的故事，这些故事流传了数千英里，早已与最初的叙述不符。他笔下的古罗马由数百个城市和城镇组成，国土辽阔，绵延数千英里。他认为，古罗马的领袖是个王，而非君主，居住在罗马城。鱼豢准确认识到罗马城位于一条河的入口（台伯河 Tiber）。他也惊人地准确记录了古罗马的统治者不是终身制的，而且经常变换，变换原因可能是灾祸、战争失败或不寻常的现象，在这些情况下，人们会选择"品行更加端正"和更有价值的人来取代当前的王。

鱼豢笔下，古罗马大众和中国人一般身高，品行端正，不过穿戴的服饰不同，古罗马人尤其爱穿"精细的亚麻织物"。最为关键的是，鱼豢指出，古罗马人想要直接与中国交流和贸易，但是，安息人"见钱眼开"，隔在两国中间，不放行，使得古罗马商人或使节无法经安息到达中国。鱼豢曾听说有的古罗马人尝试另辟水路，但是最终因为饮用水供应短缺而失败。

古罗马的史料印证了这一点，史料明确记载，古罗马人视中国为世界东端的"丝绸之地"，他们想象丝是从树上采来的。

希腊史学家索利努斯（Solinus）的叙述是现存的古罗马记录中最早提到中国的文献。公元 3 世纪，他将中国描绘成一个"和平文明的民族"，但是不愿与世界其他强国联系密切。

公元4世纪,古罗马基督教作家们认为中国人不是无神论者,不过,尽管他们不知道神的存在,他们愿意去了解上帝。其实,早期的基督教作家们认为,像中国这样有序文明的社会,恰好体现了上帝对那些无知它存在的人们的怜悯。

当然,丝绸依然是古罗马和中国贸易的核心商品。公元前1世纪,汉朝开创了丝绸之路后,流向西方的货物大幅增加。丝绸是中国出口的主要商品,利润最高。除了丝绸本身的产品特性之外,其制作方法不为西方所知,而且产量非常有限,这些都增加了丝绸的魅力。丝绸很快成为风靡古罗马上层社会的奢侈品,象征权力和地位。因此,尽管丝绸非常昂贵,但在古罗马的销量很大。

老普林尼(Pliny the Elder)(公元23—79年)是古罗马帝国最著名的作家之一,也是博物学家、历史学家、政治家。他有一段记录非常重要,抱怨古罗马人花费巨额金钱去购买中国的丝绸:"保守估计,印度人、赛里斯人和阿拉伯人每年从我们的帝国赚走上百亿塞斯特斯(古代罗马的货币名),这就是我们花费在奢侈品和女人身上的钱。"老普林尼担心巨额消费会耗尽古罗马上层公民的积蓄,导致国家税收减少。毕竟,在古代,政府很难有效监管商品交易并征税。

老普林尼的叙述是世界上最早(错误的)关于贸易保护的辩护。幸好,随着贸易发展和文化传播,各国政府没有理会这一点。但是,这种情绪普遍存在。古罗马诗人奥维德(Ovid)提到他对中国丝织艺术的欣赏，但是也深切担忧昂贵的丝织品消耗了古罗马帝国的巨额财富。古罗马哲学家、政治家塞内卡（Seneca）公开抱怨通过丝绸炫富，他认为这种方式既烧钱又不道德："如果那些无法蔽体也无法遮羞的料子也能称之为衣服的话，那我同意将丝织品称为衣服……可怜成群的女佣辛苦劳作，使那淫妇穿上薄薄的若有若无的裙子，让外人或外国人对她身材的了解和她丈夫一样熟悉。"

　　一般而言，古罗马人对中国人的恐惧和对中国人取得的显著成就的绝对敬畏交替出现。古罗马人将自己的想象带入去塑造中国人的形象。中国人远在天边，却很吸引人，非常强大，形象模糊，不具有威胁性，非常先进，令人生畏。我们不能肯定地说古罗马和中国之间所有的官方往来都是善意的、公开的，但是，古罗马人从来不曾把中国当成敌人，这是肯定的。他们带着好奇且有时畏惧的心理看待中国人，但是从来不会冒犯或蔑视中国人。中国人依然很神秘，充满魅力，令人好奇，在基督教时代，这种对东方的迷恋和好奇演化为崇拜。"赛里斯国"是个特殊神秘的国度，满地都是丝绸，民风淳朴，技术先进。几个世纪后，中国人的这个形象继续吸引西方旅人沿着丝绸之路东行。最终，该形象传遍了世界各地。

丝绸之路的遗产

丝绸之路的最大贡献在于，大量的艺术、文化、宗教、哲学、技术、语言和科学知识沿着亚洲主干道，经中东源源不断地流入欧洲和北非。同样得到传播的还有疾病。资料显示，公元542年，黑死病通过丝绸之路传到了君士坦丁堡，即现在的伊斯坦布尔，造成了东罗马帝国和欧洲大部分地区人口大量死亡。但是，丝绸之路绝对促进了全球一半以上人口之间的贸易发展和文化交流。在很多方面，丝绸之路是欧亚文明发展的有力支撑，其中，中国尤其发挥着至关重要的作用。

欧洲探险家马可·波罗将他在中国的经历整理出书，率先将丝绸之路上的精彩发现介绍给欧洲人。他的著作描述了整个欧洲读者对中国的想象，最为著名的是《马可·波罗的丝绸之路》（艺术系列）（《马可·波罗的丝绸之路：智慧艺术》以及《旅途的艺术：一个意大利人面见忽必烈》）。多亏了元朝皇帝的邀请，马可·波罗的探险和旅行才得以完成。皇帝非常好客，渴望沿着新建帝国境内历史悠久的贸易路线进行中西方贸易。

丝绸之路开创于公元前130年，当时，汉朝正式放开与西方的贸易往来，这种贸易关系一直持续到了1453年。当时，奥斯曼土耳其人和穆斯林商人联合抵制与西方贸易，封锁了这些繁荣的贸易路线，阻碍了欧洲的发展，当时，欧洲已经非常依赖东方的商品了。通往东方的陆路被封锁了,欧洲商人被迫开发新的贸易路线,以满足欧洲对东方商品不断增加的需求。这次封锁也推动了1453年开始的"大航海时代"的进程。当时,新的欧洲探险家们接受新挑战,制定新的海上贸易路线,抵消陆路贸易上遭受的损失。

欧洲各国心目中的"大航海时代",大部分都伴随着殖民和瓜分土地,而非真正意义上的"地理发现",为国际贸易以及后来各大洋之间的全球贸易打下了基础。从此之后,古代丝绸之路没落了,不再成为全球贸易的主动脉。当下,中国再次崛起,成为一个经济强国,想要重新将丝绸之路打造成有影响力的全球贸易路线。

蒙古人的崛起

丝绸之路的主要功能是促进中国的进出口贸易,同时,也促进了佛教、拜火教、摩尼教、伊斯兰教等宗教的传播。中国人修筑了长城,保卫国家安全,促进和平与稳定,尤其是确保北方边境的和平与稳定。

中国人形成了"华夏"的文化理念,代表文明世界,抵御来自草原民族的挑衅。他们修建了一个大型防御工事网,后来将其称为长城,当时修建长城的原因在于,只有扩张没有防御是没有用的。

修筑长城的主要目的是防止蒙古人入侵,不过,正是因为有了这条防御线,汉朝的张骞才有机会西行,沟通中国与印度、波斯帝国以及更远国家之间的贸易往来。1271年,蒙古人入主中原后,依然继续开放丝绸之路,保持与西方各国的贸易关系,还取消了沿途的收费站,撤销了对马可·波罗这样的来自西方的商人的旅行限制,进一步推动了贸易规模的扩展。

元朝疆域横跨欧亚两洲,密切了东西方的联系。元朝皇帝鼓励与外国人来往,热情招待外国旅人,并为他们提供商业机会。元朝统治下,国家局势相对稳定,当局促进和鼓励外国人在元朝广阔的国土上旅行,因此,许多欧洲商人、工匠和使节首次踏上了遥远中国的土地。商队将亚洲的商品沿着丝绸之路运输到欧洲,欧洲对亚洲商品的大量需求,最终激励英国和西班牙探索通往亚洲的海上路线。因此,可以说蒙古入侵间接导致了15世纪欧洲"大航海时代"的到来以及新大陆的发现和开发。

13、14世纪,在成吉思汗后裔的统治下,元朝的疆域东抵太平洋,西达黑海沿岸,随之,第三条丝绸之路繁荣发展。1253年,法国国王路易九世派遣使者卢布鲁克(Willem van Rubruck)前往东方觐见蒙古大汗。卢布鲁克看到大量的丝绸,意识到契丹也就是中国,正是古罗马传说中的"赛里斯国"。威尼斯人马可·波罗随后也到了中国。

第一章
"一带一路"的历史根源——丝绸之路

元朝的疆域广袤无垠,紧邻沙俄和东欧,蒙古人用专治和武力确保了政权稳定,这就是所谓的蒙古和平。他们在某些方面也很务实、非常宽容,如艺术和宗教。当时蒙古帝国的首都哈拉和林(Karakorum)建有佛教寺庙、两个清真寺和一个教堂。

蒙古人打造了重要的陆路驿站系统,方便通邮和往来行人落脚。忽必烈欢迎来自欧洲、波斯和阿拉伯的天文学家,设立了回回司天台。他也设立了太医院,囊括了来自印度、中东、穆斯林和中国的医生。欧洲、波斯、中国、阿拉伯、亚美尼亚和沙俄的商人和传教士沿着丝绸之路往来,1335年,阿维尼翁教皇接见了一个蒙古的传教士,证明了当时不断加深的贸易联系和文化交流。

蒙古人统治下开辟了"第三条"丝绸之路,丝绸依然是中国重要的出口商品,但已不再是主要贸易货物。欧洲人想要珠宝、香料、贵金属、药品、陶瓷、地毯以及其他纺织品。当时,阿拉伯世界以及南欧已经掌握了丝绸的制作方法。缫丝者和商人有阿拉伯人,"撒拉逊人(Saracens)",犹太人和来自西西里岛和地中海东部的希腊人,聚集在意大利南部的新贸易中心。14、15世纪,文艺复兴时期,意大利的缫丝技术发展成为一项精致的艺术,在威尼斯、佛罗伦萨、热那亚和卢卡流行。研发了新的样式工艺,包括天鹅绒和锦缎,同时,中亚以前的样式也得以保留。

1250—1350年,在这个相对短暂的时期,蒙古人占领了奥斯曼土耳其人的土地,重启中西方贸易,因此,丝绸之路的贸易路线向欧洲开放。欧洲商人首次可以直接抵达印度和中国，而不是在地中海港口等待收货。正是在此期间，马可·波罗完成了威尼斯和中国往返的历史性旅程。

13世纪，元朝的军事力量达到顶峰。在成吉思汗及其两代子孙的领导下，蒙古大军及其草原盟国结成了一个高效的军事强国，短期内控制了从太平洋到中欧的全部领土。蒙古帝国是当时世界上面积最大的帝国，巅峰时期领土是罗马帝国的两倍。罗马帝国是由亚历山大大帝征服的广袤领土构成的。在规模上最接近蒙古帝国的另外的国家有苏联、新大陆上的西班牙帝国以及19世纪巅峰时期的大英帝国，当时，大英帝国近乎占地球的四分之一。

蒙古人坚定地支持发展商业和自由贸易。他们降低关税、减少税收，打击丝绸之路上的不法分子，保护商队，推动与欧洲的贸易，改进中国与沙俄以及整个中亚的道路网，在中国对运河进行扩容，将粮食从中国南部运到北部。

在元朝统治下，丝绸之路贸易繁荣，东西方贸易更加频繁。蒙古人征服沙俄，为欧洲人开辟了通往中国的道路。穿过埃及的路段由穆斯林控制，基督徒禁止通行。埃及人对沿丝绸之路从印度来的货物征收重税，导致这些货物的售价翻了三番。蒙古之后，丝绸之路连接欧洲的路段被封锁了。

来自威尼斯、热那亚和比萨的商人从地中海东部的黎凡特港收集东方香料和商品，通过销售这些商品发家致富。但后来，阿拉伯人、土耳其人和其他伊斯兰国家从丝绸之路的贸易中获利最多。他们完全控制了欧洲和中国之间的土地和贸易路线，美国历史学家丹尼尔·布尔斯廷（Daniel Boorstin）将其称为"中世纪的铁幕"。

在元朝，陆路和海路贸易都繁荣发展。现在，尽管其中有些路线已经消失，但人们发现了诸如陶瓷碎片之类的文物，证明了蒙古人统治时期多姿多彩的艺术和繁荣的贸易。澎湖文化局慷慨出借了在澎湖列岛发现的碎片，这些碎片证明，在蒙古人统治的元朝时期，台湾有贸易路线经过。

蒙古人建立了帝国的陆路和海路贸易体系后，中国元朝的货物更容易出口，以满足外国的需求。贸易货物中最受欢迎的是丝绸、陶瓷、漆器等贵重物品。例如，元朝的汪大渊两次搭乘商船出海，总共达到了98个国家和地区。彼时，中国的船只甚至可以直接开到非洲东海岸。多年之后，虽然那些船只运输的丝绸早已腐化，航线沿线打捞的陶瓷碎片证明了元朝时期繁荣的贸易。

丝绸之路重登历史舞台

我们生活在极度动荡、变幻莫测的时代。全球金融危机影响各国经济，带来巨大压力，反恐战争影响广泛，目前，一个更加多极化的世界逐渐取代了西方在政治、经济和军事方面的影响力，这个趋势越来越明显。同时，新的贸易壁垒以关税和贸易战的形式出现，可能威胁全球经济的共同繁荣。

现在，我们比以往任何时候都需要发展习近平主席提到的"丝绸之路经济带"。在近两千年的时间里，生活在东西方交界区域的人们可能种族不同，文化和信仰也不同，但是依然共存并发展繁荣。丝绸之路消除了民族间的界限，打破隔阂，让民族差异和多样性从劣势转为优势。

从某种意义上说，历史是不断循环往复的。2013年，"一带一路"构想开始实施后，投入了大量资源，有力证明了主导和定义欧亚历史的旧秩序正在重建。在亚洲的主干道上，人们重新连接旧的交通网，民族、文化和资本自由流动的传统重新在世界各地流行开来，丝绸之路又一次开始确立它的经济和文化地位。

第二章
"一带一路"倡议解读

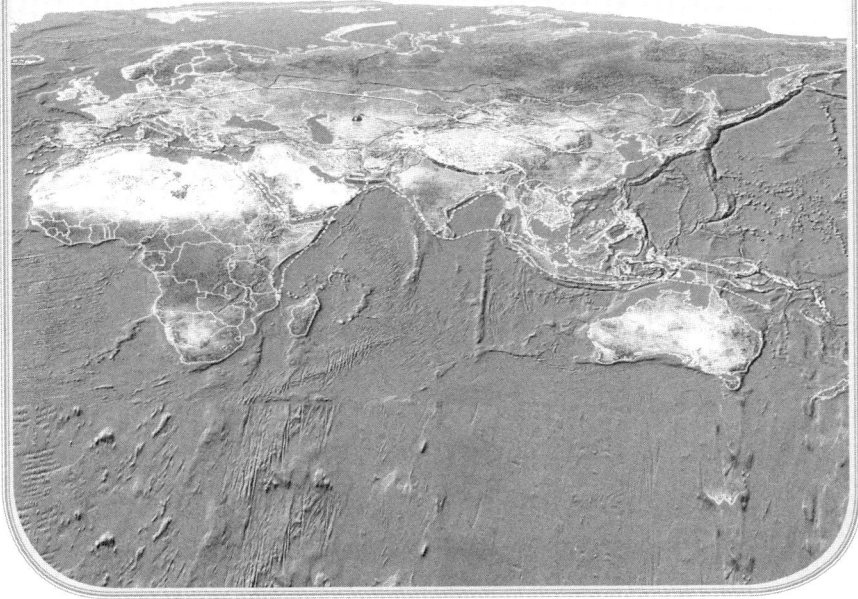

第二章 "一带一路"倡议解读

"一带一路"倡议自实施以来,便吸引了全球政要的目光,为涉及区域带去了海量投资,促进当地经济转型,在全球范围内引发讨论,主题涉及全球化贸易的出路、外交政策和地缘政治影响力。

习近平主席首次提出这个宏伟方案时,旨在通过亚欧大陆的共同努力,改善贸易和交通线路,将丝绸之路沿线的 80 个经济体连通,从而开辟新途径,将亚欧国家的交往、合作和发展提升到一个新高度。"一带一路"倡议将惠及世界三分之二的人口。

倡议实施之初,不乏一些分析员和政客的论调。他们认为世界日益分裂,一边在努力应对层出不穷的新威胁,一边不断分割成区域化的权力中心。现存的国际合作机构,不论是联合国、欧盟还北大西洋公约组织,成员国之间互相斗争,对未来的发展方向持不同意见,面临分崩离析的危险。

比如,英国脱欧和欧元危机影响了欧洲的发展,美国、欧盟、俄罗斯和中国等主要的经济政治超级大国之间关系日益紧张,各大国在联合国安理会等多边论坛上也持不同意见。全球领导力缺乏，政治家和决策者目光短浅，过分关注国内短期的政治性周期，国际沟通渠道不断被破坏，这些都不利于长远和平。

导致这些危机的主要原因是联合国的软弱无能，令人失望。过去十年，联合国，这个曾经影响深远的国际机构，基本上没有发挥什么作用。危机产生后，联合国多次未能带头解决危机或成功调解冲突。

同样，世界银行、国际货币基金组织等主要经济机构努力改革，以适应现代世界的需求。目前，如果世界要继续向前发展，有效解决一些目前面临的最大挑战，如恐怖主义和气候变化，旧的世界秩序已经明显无法满足要求了。同时，2008年国际经济危机的影响仍在继续。世界经济正在缓慢复苏，全球经济发展不平衡，国际贸易和投资格局深刻调整，各国依然面临巨大的发展危机，因此，各国显然需要探索一条全新的前行之路。

中国想要通过"一带一路"倡议探索一条新的发展路径。在2015年举行的博鳌亚洲论坛上，习近平主席提出，"一带一路"倡议"顺应了地区和全球合作潮流"。

他接着说道："'一带一路'建设不是封闭的，而是开放包容的；不是中国一家的独奏，而是沿线国家的合唱。'一带一路'建设不是要替代现有地区合作机制和倡议，而是要在已有基础上，推动沿线国家实现发展战略相互对接、优势互补。"

第二章 "一带一路"倡议解读

在日益全球化的世界，各国要采取谨慎的经济外交策略。习近平主席提出"一带一路"的宏伟倡议，努力振兴古老的贸易路线并开发新路线，是促进全球经济融合的关键步骤。"一带一路"倡议合理实施后，有机会最终消除全球赤贫问题，为贫穷国家带来从未有过的发展机遇和互联互通。

"一带一路"的终极目标是建立中国与世界更紧密的互联互通。"一带一路"的内涵是这样的："带"是从中国到斯堪的纳维亚半岛、伊比利亚半岛和中东组成的陆路，"路"就是连接中国与东南亚、中东、非洲的航线。

"一带一路"倡议通过修筑公路、铺设铁路、兴建港口，打造一个宏大的交通网，旨在连通中国、中亚、俄罗斯和欧洲，包括丝绸之路经济带和海上丝绸之路。中国在"一带一路"上的总投资额有望达到1.6万亿美元，是马歇尔计划投资金额的7倍。马歇尔计划是第二次世界大战后美国为重建欧洲而推出的欧洲援助计划。

到2020年，中国有望与波斯湾通过多条途径连接。中国政府想要沿着古代丝绸之路，实现中国、中亚、俄罗斯和北欧的互联互通。

建设新丝绸之路
解析"一带一路"倡议对现代世界的影响

▸▸▸ "一带一路"的定义

2013年9月和10月,中国国家主席习近平在出访中亚和东南亚国家期间,先后提出共建"丝绸之路经济带"和"21世纪海上丝绸之路"的重大倡议,以下简称"一带一路"。

首先,倡议旨在开辟一个古代丝绸之路的现代版,通过铺设铁路、修筑公路、埋设管道、建设电网,打造一个完善的交通体系,将中国与世界其他地区连接起来。更广泛的互联互通能够促进贸易发展,将中国的贸易盈余投资到区域发展中来。"一带一路"的投资额达数十亿美元,用于修建国际交通基础设施,主要是修建横跨亚洲、中东、欧洲和非洲的铁路和公路。

"一带一路"以政策沟通、设施联通、贸易畅通、资金融通、民心相通为主要内容。

"一带一路"的原则是支持沿线国家的基础设施建设,促进经济合作,加强互联互通。广义上和长远看,"一带一路"旨在消除贫困,创造就业,应对国际金融危机影响,促进可持续发展,推进市场化产业转型,实现经济多元化发展。

"一带一路"倡议目前已经吸引了70多个国家参与,覆盖超过48亿人口,占全球人口的一半以上,涉及经济总量约21万亿美元,占全球国内生产总值的62%。

"一带一路"相关的国家基于但不限于古代丝绸之路的范围,

各国和国际、地区组织均可参与，让共建成果惠及更广泛的区域。

"一带一路"贯穿亚欧非大陆，一头是活跃的东亚经济圈，一头是发达的欧洲经济圈，中间广大腹地国家经济发展潜力巨大。丝绸之路经济带重点畅通中国经中亚、俄罗斯至欧洲（波罗的海）；中国经中亚、西亚至波斯湾、地中海；中国至东南亚、南亚、印度洋。21世纪"海上丝绸之路"重点方向是从中国沿海港口经过南海到印度洋，延伸至欧洲；从中国沿海港口过南海到南太平洋。

根据"一带一路"走向，陆上依托国际大通道，以沿线中心城市为支撑，以重点经贸产业园区为合作平台，共同打造新亚欧大陆桥、中蒙俄、中国—中亚—西亚、中国—中南半岛等国际经济合作走廊；海上以重点港口为节点，共同建设通畅、安全、高效的运输大通道。中巴、孟中印缅两个经济走廊与推进"一带一路"建设关联紧密，要进一步推动合作，取得更大进展。

加快"一带一路"建设，有利于促进沿线各国经济繁荣与区域经济合作，加强不同文明交流互鉴，促进世界和平发展。

共建"一带一路"倡议不止基础设施建设。"一带一路"公布的发展目标包括开展农林牧渔业、农机及农产品生产加工等领域深度合作，积极推进海水养殖、远洋渔业、水产品加工、海水淡化、海洋生物制药、海洋工程技术、环保产业和海上旅游等领域合作。

倡议也强调加大煤炭、油气、金属矿产等传统能源资源勘探开发合作，积极推动水电、核电、风电、太阳能等清洁、可再生能源合作，推进能源资源就地就近加工转化合作，形成能源资源合作上下游一体化产业链。

共建"一带一路"顺应世界多极化、经济全球化、文化多样化、社会信息化的潮流，秉持开放的区域合作精神，致力于维护全球自由贸易体系和开放型世界经济。共建"一带一路"旨在促进资源高效配置和市场深度融合，推动沿线各国实现经济政策协调，开展更大范围、更高水平、更深层次的区域合作，共同打造开放、包容、均衡、普惠的区域经济合作架构。"一带一路"的融资金额空前，旨在加快投资便利化进程，消除投资壁垒，通过更快更有效的发展造福人民。

"一带一路"倡议恪守联合国宪章的宗旨和原则，遵守和平共处五项原则，即尊重各国主权和领土完整、互不侵犯、互不干涉内政、和平共处、平等互利。

▸▸▸ "一带一路"已建项目

据估计，从 2013 年起，中国通过"一带一路"倡议向发展中国家每年发放贷款 400 亿美元。"一带一路"建设的重点项目包括价值 620 亿美元的中巴经济走廊以及斯里兰卡的汉班托塔港

（Hambantota Port）项目，汉班托塔港将租给中国国企运营。

非洲是"一带一路"战略的重要投资区域，最初，主要建设项目集中在非洲大陆东部国家，如肯尼亚和尼日利亚。2018年，塞内加尔签署了共建"一带一路"合作协议，成为首个在"一带一路"倡议上与中国合作的西非国家。中国外交部指出，塞内加尔"地理位置独特"，是"'一带一路'建设的重要延伸"。中国外交部长王毅表示，中国希望塞内加尔作为首个同中国签署"一带一路"合作文件的西非国家，能在域内产生"带动效应"。

此举有助于实现中国致力于推动非洲发展的长期承诺。2000—2016年，中国已向非洲提供约1250亿美元的贷款，效果立竿见影。在过去的十年中，中国成为尼日利亚的重要贸易伙伴。尼日利亚是中国在非洲的第一大工程承包市场、第二大出口市场、第三大贸易伙伴以及主要投资目的地国。2005年，中国和尼日利亚的双边贸易额为20亿美元，到2017年1—5月，双边贸易额增长到65亿美元。随着贸易的增长，尼日利亚被全球投资者称为"非洲的中国"。此外，中国经验丰富的技术人才、管理人才涌入尼日利亚，大幅推动了尼日利亚经济多元化和发展。

共建"一带一路"致力于亚欧非大陆及附近海洋的互联互通，建立和加强沿线各国互联互通伙伴关系，构建全方位、多层次、复合型的互联互通网络，实现沿线各国多元、自主、平衡、可持续的发展。"一带一路"的互联互通项目将推动沿线各国发展战略的对接与耦合，发掘区域内市场的潜力，促进投资和消费，创造需求和就业，增进沿线各国人民的人文交流与文明互鉴，让各国人民相逢相知、互信互敬，共享和谐、安宁、富裕的生活。

各参与国要努力实现区域基础设施更加完善，安全高效的陆海空通道网络基本形成，互联互通达到新水平；投资贸易便利化水平进一步提升，高标准自由贸易区网络基本形成，经济联系更加紧密，政治互信更加深入；人文交流更加广泛深入，不同文明互鉴共荣，各国人民相知相交、和平友好。民心相通是"一带一路"的重要内容之一，与古代丝绸之路类似，"一带一路"倡议带来的益处将远不止经济领域。

"一带一路"倡议的理论基础是"互学互鉴"。兼顾各方利益和关切，寻求利益契合点和合作最大公约数，体现各方智慧和创意，各施所长，各尽所能，把各方优势和潜力充分发挥出来。

▸▸▸ 数字化互联的未来

中国推出的"一带一路"倡议确实和古代丝绸之路在许多方面有异曲同工之妙，旨在重申合作理念，核心在于容纳现代元素，尤其是改变人们生活、工作和沟通的技术革命。在推出伊始，"一带一路"的重要内容之一就是在参与国投资不断扩建的数字高速公路，这是推动繁荣发展的另一个关键推手。消费者彻底改变了消费观念，他们不再满足于当地商店甚至本国提供的商品。类似腾讯、阿里巴巴这样的公司是满足消费者需求的关键。阿里巴巴风靡全球，在建设数字高速公路上起着重要作用。技术的发展，使得消费者能在更大范围的市场消费，让商品能更快更高效地派送，也能消除交易过程中产生的摩擦。要实现这一点，我们需要创建数字银行，全球各国都正在努力。全球互联日益紧密，导致金融服务的本质发生改变。这反过来也创造了大量的新机遇，促进全球化，提升金融服务的工作效率。

"一带一路"倡议推动新兴产业合作。其关注焦点包括促进沿线国家加强在新一代信息技术、生物、新能源、新材料等新兴产业领域的深入合作，推动建立创业投资合作机制。

相互联系和相互依存才是和平相处的真正保障

忽略和放任长期存在的纷争毫无益处，长远来看，这只会导致纷争越来越难解决。相反，应辨别任何潜在的紧张点，并通过对话和外交方式解决它们。相关国家应当在各个领域合作，关注它们从中获得的战略和经济利益，建立互信。有了共同立场，各国才能和平共处。

此时，要保护本国利益，最佳途径就是与他国建立相互联系、相互依存的关系。这适用于相邻国家、相邻区域和世界大国之间。

有了共同合作的出发点，才能确保各方在紧张局势出现时都保持冷静。

相互依存、互联互通不是政策建议，而是已经确定且历久弥坚的事实存在。很高兴全球的决策者们都支持建立与他国的相互联系。中国推出了"一带一路"，奠定了21世纪的基调。中国想要与亚洲其他国家、欧洲以及更远区域的市场联系起来，打造陆上和海上贸易走廊，沿着新旧贸易路线建立中国与中亚、南亚、俄罗斯和欧洲之间的互联互通。"一带一路"预期能促进全球经济的进一步整合，推动亚洲、欧洲和非洲的不断繁荣发展。

"一带一路"倡议是个前瞻性的措施，承认新的全球发展模式的出现，其中，协同合作与互联互通将起关键作用，区域联盟和权力争斗都将过时。美国、俄罗斯和欧洲国家等世界其他大国可以借此机会实现更广泛的协同合作和互联互通。

当前，经济问题是全球各国共同面临的最大问题之一。世界大国必须解决日益加剧的不平等问题，专注鼓励公平发展。目前，全球约8亿人口依然极度贫穷，食不果腹。在全球受冲突影响的国家中，失学儿童比例从1999年的30%上升到2012年的36%，数百万人的境遇可能由于国际油价暴跌等突发事件变得更糟。如果这些问题都得不到解决，可能会导致愤怒和不满。正如我们所见，这些情绪可能会导致世界各国采取更激进的政治行动，甚至走向极端。

移民有益于社会发展，可以解决日益严重的人口老龄化问题，这个问题是许多发达国家目前面临的，不过，各国必须有足够的能力，打造相应的社会安全体系和基础设施，才能接纳不断涌入的移民。国家领导人要说服本国人民，让他们认识到移民对国家社会和经济的长远益处。当前，世界上的许多国家都没有匹配对应的接纳体系，各国要慎重解决移民问题。倘若温和派的领导人无法妥善解决这个问题，可能会导致极右政党和极端势力抬头。其中的关键是合作，俄罗斯、土耳其、美国、欧洲国家以及世界其他国家必须共同努力，找到长期有效的解决措施。战略领导力非常关键和必要，能成熟、巧妙地解决这些问题。

任何国家，如果自我封闭，减少与世界其他国家的贸易和往来，拒绝其他国家的游客、移民或宗教信仰进入，将为自己的孤立付出巨大代价。我们并不是说各国不需要制定一个有效的、考虑周详的移民政策，大家都需要进行边境管制，将安全威胁降到最低，关键在于能够提前采取措施，进行有效监管，从民粹主义言论中识别潜在的安全隐患。

"一带一路"经济之外的效益

"一带一路"和古代丝绸之路非常相似，都不仅仅完善基础设施、促进贸易和发展，还产生了其他影响。

"一带一路"倡议传承了古代丝绸之路精神：友好合作、文化传播和贸易开放。要做到这一点，需要开展文化交流、学术往来、媒体合作、青年和妇女交往、志愿者服务等，为深化双多边合作奠定坚实的民意基础。

因此，很好理解各国扩大互换生项目规模，开展合作办学。在这方面，中国每年向沿线国家提供1万个奖学金名额。沿线国家间互办文化年、艺术节、电影节等活动，合作开展广播影视剧精品创作及翻译，深化沿线国家间人才交流合作。

"一带一路"沿线国家要加强旅游合作，扩大旅游规模，互办旅游推广周、宣传月等活动，联合打造国际精品旅游线路和旅游产品，提高沿线各国游客签证便利化水平。积极支持沿线国家申办重大国际体育赛事，承办国际体育赛事是吸引外国游客、提高国际地位和声望的主要途径之一。

同时，我们应当加强与周边国家在疾病与传染病领域的合作。我们需要加强防治技术交流、专业人才培养等方面的合作，从而增强我们应对跨境或全球传染病的能力，极大提高恰当处理突发公共卫生事件的能力。为此，我们需要在"一带一路"沿线提供应急医疗救助，在妇幼健康、残疾人康复以及艾滋病、结核、疟疾等主要传染病领域开展务实合作。

科技发展主要依赖跨境合作项目，因此，我们应当重点推动大量"一带一路"沿线的科学计划，包括：共建联合实验室和研究中心、国际技术转移中心，促进技能人才交流，广泛合作开展当下和未来的重大科技攻关。整合现有资源，积极开拓和推进与沿线国家在青年就业、创业培训、职业技能开发、社会保障管理服务、公共行政管理等共同关心领域的务实合作。

这些计划的成功实施，需要以各国良好的沟通为基础。因此，我们要重点增强政党、议会之间的沟通，充分发挥政党、议会交往的桥梁作用，加强沿线国家之间立法机构、各个党派和政治组织的友好往来。

有多种途径可以实现这些目标。我们可以开展城市行政机构之间的交流项目，包括欢迎沿线国家城市之间互结友好城市。这不仅能够促进国家间的团结，也能以人文交流为重点，突出务实合作。用更学术、更官方的话来说，沿线国家智库之间开展联合研究、合作举办论坛、会议、座谈会、开展合作项目，这是很有意义的。

所有这些证明，沿线国家可以通过各种方式在各个领域加强交流合作，包括教育、医疗、科学、学术、媒体与政府等。许多民间组织也有很大的价值，尤其是致力于各类公益慈善活动、沿线赤贫地区减贫开发、贫困人口教育医疗、生态环保、污染减排和环境改造的民间组织。

▸▸▸ 克服挑战

对于所有宏大的项目而言，项目的具体实施才是它们面临的主要挑战，"一带一路"倡议亦如是。

中国渐进的经济政策已经成为加强亚洲贸易和投资联系的重要因素。近期许多国际银行加入"一带一路"倡议，进一步显示了这一宏大举措包含的国际需求水平。

然而，有观点认为中国推出这些项目是为了扩大自己的地缘政治影响力，挑战其他发展中国家的存在。西方的战略家们担心"一带一路"是中国的一个庞大计划，令西方国家在非洲、中亚、东南亚以及世界其他区域黯然失色。

总的来说，多极世界优于单极世界，新的世界强国的出现可能成为世界各国的力量来源，各方必须成熟应对新的权力平衡的出现。世界大国不能视彼此为竞争对手，而是应该着重在最高层次保持更为密切的交流，增加使用软实力。

要消除关于中国借机扩大影响力的担忧，可以增加投资和项目开发阶段的透明度。这需要伙伴国家的配合，不过，中国可以具体要求公开项目的投资情况。使用当地劳动力也能够吸引还在犹豫的国家加入，有了投入，这些国家对这些项目会有一种更强的主人翁意识。

有些诟病缘由更多是西方国家因为自己的内务问题，担心它们在国际上的影响力减弱，尤其是昔日的庞大帝国，以及20世纪影响全世界每个角落的超级大国。不过，客观证据和这些诟病完全不同。比如，尽管有的国家从中国贷了巨额贷款，但是，他们认为中国的贷款条款要优于西方银行的，欧美无法像中国一样慷慨。

另外一个要规避的潜在风险是宏大快进的倡议会导致低质量和不匹配的项目、重复建设、利益冲突和腐败。决策者必须要周密考虑，完整一致地推进项目。在这一点上，合作伙伴国有责任控制项目质量，监督相关标准的执行。另外，有问题务必及时处理，针对快速调动大规模人员的项目，人们在初期经常容易忽略它们带来的不良影响，后来这些影响严重到不得不采取措施消除这些影响。

中国必须设立贷款标准、进行多次核对，才能提供资金，这点是习近平主席多次强调的。2018年9月，中非合作论坛北京峰会在北京举行，与会国家领导人包括南非总统西里尔·拉马福萨（Cyril Ramaphosa）、埃及总统塞西（Abdel Fattah al-Sisi）、赞比亚总统埃德加·伦古（Edgar Lungu）和加蓬总统邦戈（Ali Bongo）。峰会前夕，习近平主席说道："中非合作找准基础设施不足等制约非洲发展的要害，把资金用在刀刃上，不搞花架子。"

必须谨慎计算项目所需贷款，不能超过实际需求。在这方面，柬埔寨等国家采取了明智巧妙的做法，从中获益良多。"一带一路"不应当成为一项超大的全球投资活动，吸引大多数人盲目花钱建设。"一带一路"投资项目必须通过协调透明的机制严格挑选，鼓励"共生共荣"，而非让合作伙伴债务累累，影响中国的形象。

毫无疑问，"一带一路"带来的主要好处之一是强劲的发展势头和背后的动力，通过一个统一大胆的愿景，将这么多国家联合起来，能促进大型项目的交付。历史表明，运动式的执行方式能产生显著效果，就连最雄心勃勃的建筑的工期，由于外国投资浪潮，可能加速推进。

▶▶▶ "一带一路"融资

"一带一路"项目离不开充裕的资金支持。2014年，中国政府设立丝路基金，以满足沿线国家不断增长的融资需求。丝路基金由中国人民银行部分监管，在欧亚大陆和中东以及北非做出了重大投资。

亚洲基础设施投资银行（以下简称亚投行）为促进亚洲的繁荣做出了重大贡献。中国致力于将其打造成为一个真正意义上的现代国际机构，为本地区发展中国家基础设施建设提供资金和技术支持，推动亚太地区发展，重建亚洲的金融基础设施。

亚投行为项目提供资金支持。亚投行行长金立群说道：截至

2018年，运营两年多来，亚投行已批准项目投资53亿多美元。

目前亚投行所有投资项目均在"一带一路"沿线国家和地区。亚投行应借鉴多边银行机构在标准化、融资、能力建设、环境、社会保障政策、债务可持续性的经验，为"一带一路"参与方开展合作提供更好的支撑和保障。包括亚投行和世界银行在内的6家多边开发银行，共同签署了加强"一带一路"合作备忘录。目前，亚投行正同中国财政部、世界银行、欧洲复兴开发银行等签署各方落实多边开发银行融资合作中心事宜，加快推进中心在"一带一路"沿线国家和地区的信息交换、项目对接、能力建设等方面的工作。

亚投行的筹建和两年多的运营体现出公开、合作和包容的精神，赢得国际社会的广泛认可和赞誉。目前，亚投行成员已由57个创始成员发展到来自世界各大洲的93个成员，带动各类公共和私营资本300多亿美元投入基础设施。各方普遍认为，亚投行有现代的治理结构、严格的标准、优良的运营政策，是一个21世纪新型多边开发银行。国际三大信用评级机构先后给予银行以3A最高信用评级，巴塞尔银行监管委员会给予亚投行零风险权重。

亚投行能够取得成功，其中一个原因是没有受到传统规则或惯例束缚，是建立在任人唯贤、透明公开、高标准的管理和现代管理实践的基础上的。

同时，第二次世界大战后建立的布雷顿森林体系也需要重大改善和重组，才能继续在 21 世纪发挥作用。现在，该体系必须更好地反映我们生活的这个世界的现实和需求了。

▸▸▸ 中国的区域发展构想

许多局外人没有意识到"一带一路"不是一个详细的发展计划，而是中国对本区域以及更大范围的发展构想。其好处有两个方面，首先，指令性太强有风险。如何将习近平主席的构想解释为具体条款取决于国内外的各个政党。这是中国的一贯做法，中央政府通常发布广泛的指令，下级官员负责具体实施。

"一带一路"提出的原则包括"共担责任、共同进步"，其不仅动用国家机构的力量，也利用私企、社会各界、大学、智库和咨询机构的力量，提供一个新的发展思路，更不用说外企、国际发展机构和全球各个政府的加入。原因在于，中国认同真正的变革效应需要所有国家共同努力。

"一带一路"为各国提供发展机会，作为"一带一路"的一分子，所有参与国有责任努力推进这些发展计划。倡议无疑让中国在世界范围内的文化、经济、政治和贸易发展中起指导和支持作用。

当前，中国经济和世界经济高度关联。数十年来，中国逐渐对外开放。虽然推出了"一带一路"倡议，中国将一以贯之地坚持对外开放的基本国策，构建全方位开放新格局，深度融入世界经济体系。推进"一带一路"建设既是中国扩大和深化对外开放的需要,也是加强和亚欧非及世界各国互利合作的需要。

成为 21 世纪世界大国的意义

广义上说,对区域和全球事务的影响可以通过以下关键区域有效衡量:安全、外交和军事实力,以及经济实力。其他的衡量因素包括是否是联合国安理会成员国。然而,一个国家想要真正成为 21 世纪的全球大国,必须要承担责任,处理国际事务。

原因在于,长远来看,帮助邻国发展就是在帮助自身发展,这是全球化的核心和重大效益。一个稳定繁荣的邻国符合每个国家的利益。

这也意味着,任何国家要想成为真正的世界大国,不仅需要强劲的经济、强大的国防,还需要在国际机构中占有一席之地。需要认识到,能力越大,责任越大。为了扩大在国际上的影响,各国需要与世界其他国家分享自己的发展愿景。通过经济援助或促进贸易联系和互联互通,帮助其他国家更加繁荣,能提高本国的地位和名望。全球大国也需要宽容,支持宗教信仰自由,尤其是追求公平的经济模式。

许多国家渴望参与国际事务。不过,要真正成为世界强国,光有抱负是不够的。世界强国需要有强大的经济和军事实力,雄厚的安全力量，参与处理国际事务。要做到这些，需要有良好的治国方式，尤其是有效的战略领导力。

相反，在相当长的一段时间里，世界缺乏一个有影响力的领导。政客们都顾着下届选举，而不是计划一个清晰的构想，帮助国家向前发展。国内紧张和分裂增加，并随着2008年的经济危机加剧，让治理国家更加困难，导致议会和国家领导只代表国内少数利益，缺乏真正的影响力，推行任何雄才大略。

在此背景下，"一带一路"倡议迈出了积极一步。倡议描绘了一个宏大的新愿景，目标是带动全世界共同发展。现在，我们需要更多大国的加入，通过这种方式促进全球繁荣，从而帮助解决我们共同面对的挑战。只有将眼光放到选举和国内事务之外，我们才能在更大范围内获得真正的进步。

"一带一路"是个良机，美国、俄罗斯和欧洲国家等世界其他大国可以在中国"一带一路"倡议基础上实施自己的倡议，同样鼓励更广泛的协同合作和互联互通。世界秩序的改变可能会让某些国家感到不安，但是，全世界共同面临越来越多的挑战，没有任何一个国家可以单方面解决这些挑战。目前的多边合作机构应该进行改革，以便适应21世纪的发展。

紧密合作日益重要，加强合作才能解决我们面临的其他越来越多的挑战，如网络安全、气候变化和核扩散。在有潜在冲突的领域，主要国家的沟通应当制度化，经常接触、对话和讨论，防止因误解而导致冲突升级。

总之,我们面临的主要全球挑战,包括恐怖主义、地区冲突、核扩散和自然灾害,不可能得到单方面解决。任何国家或领导人都不可能独享智慧。我们必须首先建立一个新的全球合作架构,才能有效应对恐怖主义的威胁和非国家行为体染指恐怖主义。指望任何世界大国在所有问题上都能达成一致是不现实的,出现分歧是必然的。我们的挑战是需要在有分歧的前提下合作,不断保持沟通渠道畅通。我们需要有效分享信息,协调各方反应,建立信任储备,这样,当危机真的出现时,我们能有效处理,不用担心由于误解而导致危机加剧。只有这样,我们才能扭转目前不断升级的冲突和暴力袭击的趋势,良好应对这些冲突和袭击是影响现代世界发展的关键。

建设新丝绸之路 ▶▶▶
▶▶▶ 解析"一带一路"倡议对现代世界的影响

第三章
巴基斯坦和中国——新世纪续写情谊

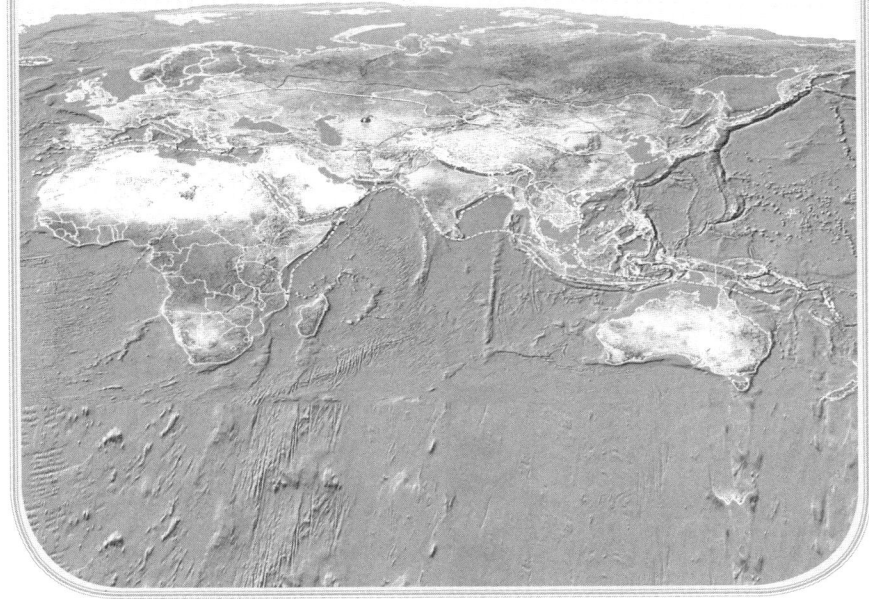

第三章
巴基斯坦和中国——新世纪续写情谊

2015年4月20日,中国政府决定向巴基斯坦提供综合投资,用于支持巴基斯坦境内的"一带一路"项目建设,当时报道的投资金额达460亿美元。巨额投资引起了全世界的关注,迅速证明中国政府践行其承诺,实现自己宏伟愿景,和邻国互联互通的决心。对于巴基斯坦而言,总额达巴基斯坦年度国内生产总值五分之一的投资,具有颠覆性的意义,将对国家经济发展产生深远影响。

宣布投资前几天,习近平主席乘坐中国国际航空专机波音747客机抵达巴基斯坦首都伊斯兰堡。巴基斯坦空军派出八架"枭龙"战机组成编队在巴基斯坦境内上空为习近平主席的专机护航,"枭龙"战机是中巴联合研制的,非常贴切地象征了中巴两国的合作,为习近平主席的历史性访问奠定了基调。习近平主席在访问期间,宣布启动中巴经济走廊项目。项目从新疆延伸至巴基斯坦瓜达尔港,全程3000公里。此前,根据美国2009年通过的《克里—卢格—伯曼法》(Kerry-Lugar Bill),承诺美国在之后5年中每年向巴基斯坦提供总额75亿美元的经济援助。

中国460亿美元的投资,无疑会为巴基斯坦带去变革,很可能切实改变巴基斯坦的发展格局。投资会催生新的就业机会和行业，促进发展。通过建设瓜达尔港，中国开通了经由巴基斯坦的海上航路，将产生颠覆性影响。瓜达尔港缩短了中国与海湾地区的距离，从而开拓一条新的重要贸易路线。总投资中，高达370亿美元将用于建设巴基斯坦的输电网络。其中，马上要实施的是包括电站、输油管线、公路和铁路在内的价值280亿美元的新的基础设施建设项目，剩余项目将在3～5年后开启。在习近平主席和时任巴基斯坦总理的纳瓦兹·谢里夫（Nawaz Sharif）的共同见证下，中巴两国签下了51项合作文件，共同出席了8个合作项目的揭牌仪式。

在对巴基斯坦进行国事访问前夕，习近平主席在巴基斯坦新闻媒体上发布了文章，写道："双方要以中巴经济走廊建设为中心，瓜达尔港、能源、基础设施建设、产业合作为四大重点，形成'1+4'合作布局，带动巴基斯坦各地区发展，让巴基斯坦广大民众得到实惠。"

习近平主席还说道："长期以来，中巴两国在各领域开展了全方位互利合作，结出了累累硕果，给两国人民带来实实在在的利益。当前，两国正在稳步推进中巴经济走廊建设，致力于打造中巴命运共同体。中巴合作的出发点和立足点是深化两国利益融合，携手共谋发展，为两国人民带来更多福祉，绘制更加美好的发展蓝图。"

习主席到访巴基斯坦期间，中巴两国签署了51项合作谅解备忘录，其中20多项与中巴经济走廊项目相关。中巴经济走廊向全世界展示了在"一带一路"倡议下，中巴两国坚定不移地推进双方合作。巴基斯坦各政治党派的团结一致证明了中巴合作协议的潜力。习近平主席访问结束不久后，在时任巴基斯坦总理的纳瓦兹·谢里夫主持下，巴基斯坦政府召开了一次所有党派参加的会议，会上，各党派构建权属体系，就如何推进项目开发达成共识。联邦政府和省级政府一致通过了项目开发的基本框架，同时承诺共同合作，让全国各地共享投资效益。

巴基斯坦基础设施现代化

2017年，中国对中巴经济走廊的投资额从最初的460亿美元增加至620亿美元。中巴经济走廊旨在迅速实现巴基斯坦基础设施的现代化，通过打造现代运输网络和经济特区，加强巴基斯坦的经济发展。项目进展迅速，已经取得了切实可见的成果。2016年11月，中巴经济走廊部分路段开通，货物从中国出发，经陆路运输到瓜达尔港，之后通过海路运输到非洲和西亚。此外，"早期收获"计划下的新项目获得迅速批准，在2018底开始启动，项目价值约为280亿美元。

经济走廊是以陆路或海路为基础的交通运输网，用于国家间定期货物、服务和人员往来。中巴经济走廊的核心是通过一系列项目，将中国的西部与巴基斯坦及其港口瓜达尔港、卡拉奇港连接，建立中国、巴基斯坦、阿拉伯海、海湾地区和中东之间的持久联系。中巴经济走廊远远不止修建公路、修筑铁路，也包括在巴基斯坦境内沿着中巴经济走廊路线开启工业和能源项目，改善公共设施，投资农业，开发瓜达尔港，完善配套设施，铺设输气管道。如此高水平的开发，能帮助稳定巴基斯坦及其邻国阿富汗的局势。中巴经济走廊旨在沿着一条清晰定义的路线开展联合的经济活动，关联经济节点或枢纽，这些节点或枢纽集合了大量经济资源和要素。走廊将不同区域的经济资源和活动连接起来，从而大范围地为人们提供更多经济发展机会。

数字化建设是中巴经济走廊的重要组成部分，包括建设一条跨境光缆和推动巴基斯坦的数字化建设。此外，中国公司参与建设中巴经济走廊项目，可以带去最新的技术，如包括"智慧城市"在内的人工智能、机器人技术、可再生能源和生物技术。技术转让的影响力不可小觑，能显著提高巴基斯坦国内产业的工业产能和经济生产力。同样，虽然中巴经济走廊的数字项目没有像交通项目那样备受瞩目，也不能明显改善巴基斯坦的基础设施水平，但是，正是技术让人们的生活发生根本性变革。

技术传播引发全球许多地方的生活方式彻底改变，取得的经济增速前所未有。事实证明，电话发明多半个世纪后，才普及到美国一半的家庭，然而，脸书（Facebook）上线仅一年时间，便吸引了600万用户，接下来的5年中，这个数字翻了100倍。20年前，全世界使用手机的人数不到世界总人口的3%，现在，手机用户占世界人口总数的三分之二。在诸如巴基斯坦的发展中国家，技术能够产生彻底改变人们的生活。有了技术，生活在边远地区的人们可以和国内外的其他人互联互通。在基础设施不发达的地区，一个简单的手机可以用来传递信息、创造就业机会、提供金融服务，换句话说，技术是赋能的工具，千万不可小觑。

新建中巴经济走廊路线贯穿巴基斯坦

中巴经济走廊建立在连接新疆和巴基斯坦吉尔吉特—巴尔蒂斯坦地区（Gilgit-Baltistan）的已有线路基础上。吉尔吉特—巴尔蒂斯坦地区是巴基斯坦的边远地区，毗邻中国，1959年，巴基斯坦陆军修建了一条155英里长的公路，将吉尔吉特（Gilgit）与齐拉斯（Chilas）连接起来，这就是后来的印度河河谷路（Indus Valley Road）。数年后，此路扩建至中国边界，中国同意在境内修建一条相似的公路。1967年，中巴打通连接路段，方便双方陆上贸易。虽然当时交易的商品规模有限，但是，此举具有历史性意义，标志着关闭了数十年的"古代丝绸之路"重新开放。

中巴经济走廊经红其拉甫口岸（Khunjerab Pass），穿过吉尔吉特—巴尔蒂斯坦地区，进入开伯尔—普什图省（Khyber-

Pakhtunkhwa),之后分为东、中、西三线。第一条贸易线路,即西线,经德拉伊斯梅尔汗(Dera Ismail Khan)进入俾路支省(Balochistan)的兹霍布(Zhob)、基拉赛福拉(Qila Saifullah)、奎塔(Quetta)、卡拉特(Kalat)、本杰古尔(Punjgur)、图尔伯德(Turbet)以及瓜达尔港。第二条贸易线路,即中线,穿过德拉伊斯梅尔汗到德拉加齐汗(Dera Ghazi Khan),之后深入德拉穆拉贾马里(Dera Murad Jamali)、库兹达(Khuzdar)、本杰古尔、图尔伯德进入瓜达尔港。第三条贸易路线,即东线,从开伯尔—普赫图赫瓦省(Khyber Pakhtunkhwa)出发进入旁遮普省(Punjab Province),过拉合尔(Lahore)、木尔坦(Multan)、苏库尔(Sukkur),经已有的苏库尔高速公路段进入俾路支省的库兹达、本杰古尔、图尔伯德和瓜达尔港。东线已经通车,不过线路需要升级。另一条路线计划从苏库尔到卡拉奇,之后依沿海高速到达瓜达尔港。2015年,巴基斯坦政府和主要党派一致同意先集中修建第一条贸易路线。这是三条线中最短的一条,但是经过高度不发达区域,安全问题突出。大家很快认识到,在这些区域修筑公路、完善基础设施建设,有助于这些区域的社会经济发展,从而解决当地面临的极端主义问题。

另外两条贸易路线也在研究之中。伊朗—巴基斯坦输气管道项目建成后,中国会考虑将其通过另外一条管道与新疆连接。中巴两国也在探索铺设中巴边境口岸红其拉甫至哈维连(Havailian)

的铁路,从而将该路段纳入巴基斯坦的铁路网。这条线路经过的大部分区域地形复杂,因此,铁路修建面临一定挑战。不过,假以时日,这些困难都能被克服,从而实现该区域与巴基斯坦其他地区的互联互通。

中巴经济走廊项目的初始投资金额为460亿美元,其中修建以上项目的大部分投资都由中国政府提供,另外一部分之后由中国私企和国企提供。根据中巴双方签订的合约,这些公司可以依法将所得利润汇回国内。中国还通过优惠贷款的形式,经中国的银行向参与指定项目的中国公司提供经济援助。完成这些项目需要3~15年,因此,中国将派遣工程师、技术员和工人,与巴基斯坦军民一道建设这些项目。

▸ 投资下个世纪:"一带一路"倡议对巴基斯坦未来发展的意义

中巴经济走廊将充分利用并加强巴基斯坦的战略地理位置。巴基斯坦通过高速公路、铁路、能源管道、电力运输线路和贸易路线将中亚、中东和中国西部一一连接。充分利用其战略位置,加强区域互联互通,巴基斯坦大有可为。中巴两国可以借此增强与中亚、西亚、中东和欧洲的互动。中巴双方,通过建设高速公路,修建铁路,打造海上航线,铺设能源管道和电力运输线路,可以实现互联互通,从中获益。同样,这些项目也有利于沿线其他国家的社会经济发展。通过加强沿线国家之间的互相联系和互相依赖,中巴经济走廊将有助于缓解该区域的紧张局势,促进区域合作,维护地区和平,实现区域一体化。互联互通是和平的真正保障,各国要有充分的理由和动力和平共处,互相合作,这点至关重要。

对于中国而言,中巴经济走廊通过海路和陆路分布与新疆连接,从而将其与中东、阿拉伯海和世界其他地区相连。从地缘政治的角度来说,中巴经济走廊意义重大,能够减少中国对马六甲海峡(Strait of Malacca)的依赖,从而缓解中国南海附近的紧张局势。倘若计划中的公路、油气管道和港口项目实现预期功能,新疆的经济将会实现大幅发展。这些都有助于加强和进一步促进中巴两国的密切关系。

中国提出共建中巴经济走廊之时,巴基斯坦的另外一个历史盟友美国正大幅解除与巴基斯坦的合约,锐减对巴基斯坦的经济援助。数十年来,巴基斯坦都依赖于美国提供的经济援助。就更广泛的层面而言,巴基斯坦通过"一带一路"倡议获得的总投资额,大约相当于 1970 年以来所有外商直接投资总额。

"一带一路"项目建成并投入使用后,巴基斯坦与其他国家的外交关系会进一步发展。过去,由于特殊的战略位置,以及与英国等国家的历史渊源,巴基斯坦与更多万里之外的国家保持紧密的经济联系、贸易交流和安全问题合作。

如今,巴基斯坦的外交格局慢慢发生了变化。巴基斯坦极有可能重点与邻国建立更积极的合作关系,在商品贸易、能源开发、推动经济发展等领域加强合作。此举将大幅促进巴基斯坦的经济发展,部分合作项目已取得明显成效。中巴经济走廊被称为中国版的"马歇尔计划",马歇尔计划是第二次世界大战后,美国为了帮助欧洲重建而推出的经济援助计划。

据官方估计,2015—2030年间,中巴经济走廊预计为巴基斯坦创造230多万就业机会,推动巴基斯坦的年度经济增长率上涨2~2.5个百分点。

中巴经济走廊是一项大规模投资,用于改善巴基斯坦的基础设施建设,也有助于巴基斯坦摆脱低效率发展。落后的交通网络导致巴基斯坦发展效率低下,据巴基斯坦政府估计,低效率的经济模式造成的损失占国家年度国内生产总值的3.55%。

中巴经济走廊还包括数个能源生产项目,也会对巴基斯坦产生深远影响。这些项目有助于缓解巴基斯坦之前遭受的能源严重短缺问题。推进能源生产,既能在宏观上推动经济发展,也能降低电力供应成本,使本国人民受益。

▸▸ 应对挑战

中巴经济走廊的确改变了巴基斯坦及其周边区域的发展格

局。不过，我们必须谨记，中巴经济走廊带来的真正红利在未来10～15年才会逐渐实现。中巴经济走廊项目一经推出便备受推崇，但是，在未来大约10年的时间内，中巴双方必须保持这种前进势头和如此大规模的开发进程。巴基斯坦与项目的其他关键利益相关者必须坚持到底，只有这样，才能从中巴经济走廊项目中获取最大利益。其中，实施中巴两国签订的所有谅解备忘录的过程中，或在将来制定的新的政策协定时，中巴双方务必坚守初衷，避免不必要的耽搁，保持高度透明的行动。巴基斯坦政府必须寻求必要的投资方，确保项目保持良好的发展势头。

就算受到其他国家的阻挠，巴基斯坦也需要坚定自己的决心，实现发展目标。例如，中巴经济走廊原本计划穿过吉尔吉特—巴尔蒂斯坦地区，但遭到了印度反对。中巴双方表示拒绝接受印度的反对，互相支持建设中巴经济走廊。

中巴经济走廊项目面临的一项主要挑战是项目的实施问题。各方必须继续重视所有相关项目的透明实施，采用严格的审查标准，监督各个项目的工程质量和执行效果。各方要达成一致，采用透明机制来批准和继续推进相关项目，检验所有在建项目的施工质量。

中巴经济走廊也要解决诸多重大安全问题。面对这些可以促进社会经济发展的项目，非国家行为体表示反对，因为他们正是从动荡和贫困中获益，这正是极端主义者所鼓吹的，从而将这些非国家行为体吸纳为自己的武装力量。非国家行为体很有可能阻挠公路修筑、管线铺设和输电线路架设进程，因为经济繁荣发展会扰乱他们的计划。这些风险在瓜达尔周边地区尤其突出，因为极端组织不愿意看到此地区与巴基斯坦其他地区、中亚和中国互联互通。长远来看，他们的态度只会让人们更加坚信区域发展会使这个国家受益，为国家带来繁荣，从而改善人民的生活水平，但是，短期内这些威胁可能会造成区域不稳定，阻碍项目建设。过去，有些与巴基斯坦项目相关的中国工程师和工人受到极端组织的袭击。巴基斯坦政府采取了安保措施，在未来的几年中，也会慎重行事，确保这些工人的安全。

2015年4月，巴基斯坦陆军宣布成立特殊安全部，该部由一位少将领导，专门负责中巴经济走廊项目的工作人员的安保事宜。巴基斯坦要坚守承诺，确保中国工程师、技术员和劳工安全，以保证项目按时完工。巴基斯坦将会为每个项目单独配备安保人员。例如，旁遮普省政府决定采取特殊安保措施，确保外国人，尤其是中国工人的人身安全。

巴基斯坦安全部队持续努力在部落地区以及其他地区打击恐怖主义，希望严重打击恐怖主义，从而复苏巴基斯坦的经济，完成所有中国在巴基斯坦的赞助项目，促进巴基斯坦经济发展，推进工业化进程，加强能源开发，完善基础设施建设，实现双边贸易和国际贸易发展。

▸▸▸ 巴基斯坦和中国："全天候"友谊源远流长

总额为 460 亿美元的投资项目，发出了一个清晰的信号，中巴两国关系进一步发展为更大的战术和战略联盟。习近平主席出访巴基斯坦期间，赞扬了巴基斯坦对反恐斗争所做的贡献。恐怖主义在中国西部的新疆活动猖獗，新疆是穆斯林聚居区。中巴两国密切配合，共同解决安全问题。

过去的六十载，中巴两国通过各个方面的双边互动，建立了强大的互信关系。这个经验证明，"中巴两国在战略和政治目标方面没有任何矛盾，在这么多年的相互交往中，双方认识到两国关系是互利的"。巴基斯坦各个政党一致认为要"加强巴基斯坦与中国的联系"，巴基斯坦要继续保持这个传统，将两国关系发展到新高度。

中国决定启动如此大规模的中巴经济走廊项目，证明其坚决承诺维护巴基斯坦稳定和促进繁荣发展。这也展示了中国对巴基斯坦未来发展规模的信心，能够引起积极的连锁反应，鼓励其他国家也来巴基斯坦寻找投资机会。

为了维护中国边疆稳定，中国需要支持建设一个稳定安宁的巴基斯坦，这关系到中国的切身利益。对巴基斯坦而言，由于战略地理位置和作为核大国的地缘政治意义，其强大和稳定确实关乎整个地区的利益。

第三章
巴基斯坦和中国——新世纪续写情谊

2015年，习近平主席出访巴基斯坦期间，不断强调中巴关系建立在长期相互理解、相互信任的基础上。尤其重要的是，在对巴基斯坦进行国事访问前夕，习主席说道，"这是我首次访问巴基斯坦，但我感觉就像到自己兄弟家中探访一样。"这是他就任中国国家主席以来对巴基斯坦进行的首次访问。

在那次历史性访问期间，习近平主席也在媒体上发表社论，表达了自己对巴基斯坦的认识：

我年轻时就经常听说关于巴基斯坦和中巴友好的动人故事，如巴基斯坦人民用勤劳的双手建设着自己美丽的家园，巴基斯坦为中国提供同世界联系的空中走廊，支持中国恢复联合国合法席位，等等。这些故事给我留下深刻印象。我期待着即将对巴基斯坦进行国事访问。

近年来，中巴两国关系已经发展为稳定的战略伙伴关系，在经济、金融、安全和外交等多方面合作。中巴两国建立了亲密深厚的友谊，这一点是两国人民感同身受的。

中巴建交六十余载，中国与巴基斯坦的关系始终是巴基斯坦外交政策的重中之重。巴基斯坦是最早承认中国的国家之一，1951年，中巴两国正式建立外交关系。1964年，巴基斯坦的国家航空公司——巴基斯坦国际航空，成为第一家有航班飞往中华人民共和国的非共产主义阵营国家航空公司。20世纪五六十年代，中国遭到西方国家封锁。在那段困难时期，巴基斯坦为中国提供同世界联系的空中走廊。巴基斯坦一直对中国给予支持，始终坚持"一个中国"政策。1963年，中巴两国签署了第一份正式贸易协定。

总而言之，中巴两国建立了长期互相信任、互相理解的"全天候友谊"，久经考验。中巴两国人民之间的相互往来可以追溯到古代，当时，两国通过丝绸之路互相贸易，交流思想、知识和技术。

20世纪，国际社会上若干重大事件，都是有赖于中巴两国的合作关系才得以实现。例如，当时高度封闭的中国，与当时的超级大国美国，重建了外交关系，其中，巴基斯坦起到了至关重要的作用。

1950—1953年朝鲜战争后，中美关系破裂。截至20世纪60年代，中两国断交已经20余年。之后，在时任美国总统尼克松和国家安全顾问基辛格的共同努力下，中美两国重新开启沟通渠道。在这一历史性进展中，巴基斯坦起到了关键作用。它是中美首次秘密渠道沟通的主要推手。美国总统尼克松通过巴基斯坦，向中国传递了想要与中国高层领导人交流的消息。1969年，尼克松总统在白宫会见了巴基斯坦前总统叶海亚·汗（Yahya Khan），托他给中国带了口信。1970年初，叶海亚·汗总统会见周恩来总理，向他转达了美国总统尼克松的口信。

1971年，基辛格博士秘密踏入北京，秘密渠道进程达到高潮，期间巴基斯坦发挥了关键作用，为基辛格提供了进入中国的渠道，并隐藏了此次访问的真正目的。基辛格博士借口去南亚访问，抵达了巴基斯坦，借口与巴基斯坦前总统叶海亚·汗进行高层讨论。在一个周四，基辛格博士与巴基斯坦领导人会晤。会晤结束之后，据报道，基辛格博士生病了，在卧床休息。其实，1971年7月9日，周五黎明前的几小时，他搭乘飞机去了北京，会见了周恩来总理，约定美国总统尼克松将在次年访华。此次会面为中美关系破冰铺平了道路。

巴基斯坦甘愿发挥这一历史性作用，说明它希望与美国、中国、俄罗斯、欧洲国家、阿富汗、阿联酋和沙特阿拉伯等世界主要国家保持外交关系。巴基斯坦早就意识到中美关系对世界和平的重要性。多年后，回想起巴基斯坦在这次事件中的作用，基辛格博士对我说："在那时，巴基斯坦是我们唯一通往中国的渠道，巴基斯坦安排了我们的中国之行，实际上，它是我们和中国沟通的唯一渠道。我们感谢巴基斯坦有效、周到且谨慎地促成了中美两国的重新沟通。"

此外，基辛格博士回顾了他在其中所起的作用："在从政期间，能够经历一次历史的转折点，这种运气不是谁都有的，不管这个人多么优秀。中美建交后，国际局势转向，在每个阶段，巴基斯坦都向我们施以援手。比如，即便在那时，没有人相信沟通的力量，但是，巴基斯坦向中美双方转达了彼此传递的全部消息。"

20世纪，中国在制定外交政策时，高度重视巴中友谊，历史上，中国也帮助巴基斯坦站稳了脚跟。20世纪70年代初期，中国修建了喀喇昆仑公路，这条公路经过中巴边境口岸红其拉甫山口将中巴连接，也是巴基斯坦的交通动脉。1973年，中巴决定将其升级为一条符合国际标准的公路，主要由中方负责拓展。喀喇昆仑公路最高海拔4850米，堪称工程史上的奇迹，这充分说明：尽管地势艰险，中巴两国也要通过陆路彼此连通。

近年来，中巴两国已经发展为战略合作伙伴，在贸易、经济、安全、国防和外交等多方面合作，巴基斯坦的许多人都将中国视为值得信赖的盟友。

我从政后，便开始与中国的领导人接触。2001年，中国国务院总理朱镕基访问巴基斯坦期间，我被任命为巴基斯坦候补总理。彼时正值中巴两国建交50周年，朱镕基总理携夫人劳安对巴基斯坦进行了历史性访问。我陪同朱镕基总理乘坐总理的波音747专机从伊斯兰堡飞往拉合尔，在拉合尔沙利马尔花园（Shalimar Gardens），朱镕基总理出席了公民招待会。那天天气非常湿热，朱镕基总理依然慢慢欣赏了台地花园宁静的环境。沙利马尔花园修建于17世纪莫卧儿王朝时期。晚上，旁遮普省省督为朱镕基总理举办了晚宴。在我和朱镕基总理的接触中，他给我的印象是个知识分子。我非常清楚,朱镕基总理重视中巴关系,想要在巴基斯坦启动长期项目,促进巴基斯坦的长远发展。

我们讨论了关于修建瓜达尔港的想法,想要在海湾地区打造一个处在战略要地的深水港。这样,巴基斯坦有机会与世界其他地方连通,利用南亚打造一条途经瓜达尔港的重要贸易路线。作为卡拉奇港的备选,瓜达尔港能够提供更多工作机会,促进经济增长,成为推动全国整体发展的增长点之一。讨论结束后,朱镕基总理告诉我说:"三个月后来北京,再过一遍我们提出的观点。"

三个月后,我去了北京。时任国务院总理朱镕基在人民大会堂主持会议,所有相关部长出席。此次会议传达了一个重大信息,说明中国想要与巴基斯坦建立友好关系的决心,也证明朱镕基总理是个实干家,热切希望在访问巴基斯坦的势头上再接再厉、更进一步。和他共事,令我耳目一新,他的使命感、严肃认真和忘我投入打动了我。我和陆军中将、交通部长贾维德·阿什拉夫·卡齐(Javed Ashraf Qazi)一起访问中国。与朱镕基总理会见期间,我们做出了一份详细的计划,大幅促进两国合作,进一步加深两国关系。此外,还有一点也很明显,朱镕基总理坚信,帮助巴基斯坦完善基础设施建设能够促进其经济增长。

在中国倾力援助下,巴基斯坦开始修建瓜达尔港。2007年3月20号,巴基斯坦前总统穆沙拉夫(Musharraf)和我去瓜达尔港参加了开航仪式。瓜达尔港建成后,由新加坡国际港务集团负责运营。不过,巴基斯坦基础设施建设不完善,缺乏世界级的高速公路、公路、国际机场和铁路与港口连接。虽然当时签署了一系列修路合同,但是瓜达尔港无法充分发挥其功能。当时,巴基斯坦正面临一系列挑战,包括国家安全问题。由于外部势力影响,局部地区安全局势恶化。例如,2015年巴基斯坦在俾路支省逮捕了一名印度海军指挥官,起诉他受印度情报机构调查分析局的指派在巴基斯坦从事间谍活动。

瓜达尔港是首批获得"一带一路"投资的项目之一,将会为中巴两国带来切实效益。有了一条经瓜达尔港的新的经济发展路径,中国可以开辟另外一条贸易路线,通往欧洲、中东和非洲,这条路线既有经济价值,也有政治意义。

2013年2月,巴基斯坦做出了重大决定,将瓜达尔港的修建和运营都交给一家中国国企负责。2013年5月,这家中国公司正式接过瓜达尔港的运营权。2013—2014年,中巴决定投资修建诸多港口开发项目、交通项目、教育项目、能源项目和医疗设备项目。瓜达尔港将通过一个现代的公路网与新疆等中国西部省市相连。

2013年5月的最后一个星期,中国国务院总理李克强抵达伊斯兰堡,开启了对巴基斯坦的访问。期间,中巴双方签订了一份谅解备忘录,共建一条从中国西部新疆喀什到巴基斯坦瓜达尔港的经济走廊,走廊项目包括公路、航空和铁路建设。

2013年7月的第一个星期,巴基斯坦前总理纳瓦兹·谢里夫

(Nawaz Sharif)访问中国期间,这个提案进一步延伸。中巴共签署了8份谅解备忘录,帮助推动巴基斯坦经济发展,促进中巴两国的互联互通。

中巴双方也建立了中巴经济走廊联合合作委员会,定期审查中巴经济走廊项目以及其他在巴基斯坦进行的联合项目的进展。2013—2014年,中巴双方通过启动能源和产业发展项目,拓展了诸多产业和能源相关项目的合作,双方也在探索方式方法,以期在未来启动更多项目。

2015年4月20—21日,中国国家主席习近平访问巴基斯坦,期间,中巴经济走廊项目取得最重要的突破。习近平主席此次出访,奠定了中巴未来合作关系的基调,强调在各个方面增强两国关系观点和行动共享,如国家安全、外交政策、双方共同关心的区域和全球问题、能源产业发展以及交通和基础设施建设,中方要给予全面的外交和技术支持,促进巴基斯坦社会和经济发展。

全面合作伙伴关系

我在任期间,渴望将中巴源远流长的关系制度化,为双方打造一个合作框架。在我与中国领导人会面时,我们多次讨论了双边关系涉及其他国家的部分。中巴往来一直都是基于双边问题,从来不针对第三方。中巴双方领导层对彼此态度一致,聚焦寻找利益契合点，避免干涉内政。不论我在职与否，这一点是我亲眼所见。

在任前几年，我创立并领导了中巴经济走廊联合合作委员会，旨在促进中巴政界和商界合作。我觉得，巴基斯坦在中国设立的外交机构太少。巴基斯坦只在北京设立了大使馆，因此，我批准了在上海、成都和广州成立巴基斯坦领事馆。

我担任巴基斯坦总理一职后，开始推动与中国签署自由贸易协定。2006年11月，中国国家主席胡锦涛访问巴基斯坦。访问期间，中巴敲定了双边自由贸易协定的条款。双方也在中巴边界设立了贸易特区，鼓励当地商品交换。因此，中巴双方的交易量激增，进出口平衡得到改善。2007年，中巴确立了五年内双边贸易额达到50亿美元的发展目标。目前，中国是巴基斯坦五大进口国之一。2014年，双边贸易额达到120亿美元。胡锦涛主席出访期间，中巴双方还签署了《中巴经贸合作五年发展规划》，并于2011年完成。两国在第一个《中巴经贸合作五年发展规划》基础上，共同协商制定了第二个五年规划，于2012年开始实施，计划修建36个项目，总投资额约为140亿美元。中巴双方也决定成立一个中巴联合投资公司，作为一个金融发展机构，为巴基斯坦的项目提供投资。这是中巴经济关系发展的里程碑，是双方合作和发展的典范。中巴联合投资公司在伊斯兰堡设立办事处，由中巴联合管理，旨在为中巴双方相关项目提供资金。巴基斯坦与沙特阿拉伯、科威特、伊朗、利比亚、阿曼和文莱都签署了类似协议。

上海证券交易所和卡拉奇证券交易所签署了合作协议，巴方邀请中国银行以及中国工商银行去巴基斯坦开设分行。巴基斯坦也欢迎中国投资人投资巴基斯坦现有机构。2002年，中国知名的家电品牌海尔，与巴基斯坦的一家私营企业共同投资了一个生产厂房，厂房位于拉合尔市外。中国时任国家主席胡锦涛和我共同出席了工厂的开业典礼，这个工厂成为中国私企在巴基斯坦投资的典范。中巴双方还在一些矿业工程上也加强了合作。

中国继续为巴基斯坦提供援助，援助方式包括信贷服务，如商业贷款。中国也鼎力支持巴基斯坦的经济发展项目，包括援助巴基斯坦震后重建。

中巴两军关系深厚。中国为巴基斯坦提供海军护卫舰、飞机、直升机，并帮助巴基斯坦建设炮兵和步兵部队。我在职期间，中巴也共同努力，鼓励国防设备技术转让，包括共同研制轻型战斗机"枭龙"战机，以及坦克和导弹技术。在反恐合作方面，中巴两国也越来越多地分享信息。

展望未来：巴基斯坦和中国

未来，中巴双方应当共同努力，解决面临的挑战，包括在安全问题上紧密合作，从而维持两国的密切联系。要做到这一点，关键是两国要聚焦持续建立联动机制，增强互联互通，促进和增强双边关系发展。

中巴双方的互动也不应局限于已有的中巴经济走廊项目。我认为，中国可以进一步增强在巴基斯坦的投资，尤其是投资中国能够提供设备和专业知识的行业，如发电工程、基础设施建设和大坝建设，从而从中获得更大的发展潜力。这些项目也需要资金支持，不过，完成这些项目，能够有助于实现一个稳定的巴基斯坦，加强中巴牢固且源远流长的双边关系。巴基斯坦需要重大的基础设施投资，巴方鼓励中国在这个领域施以援手，中国的企业可以投标参与开发新项目。现存的基础设施，如具有象征意义的喀喇昆仑公路，可以扩建和升级。此外，如果可行的话，中巴双方还可以合作铺设互联互通的铁路、光缆和油气管道。

今天，中巴两国的关系正在改变，以适应新的地缘政治格局。中国继续崛起并成为一个世界大国，巴基斯坦需要认识到，中国的聚焦点也将会越来越全球化。相应地，巴基斯坦需要重新定位自己来适应这一变化，同时继续支持中国。这样，在历史性关系的基础上，中巴双方的合作将进一步发展到新高度。

建设新丝绸之路 ▶▶▶
▶▶▶ 解析"一带一路"倡议对现代世界的影响

第四章

21世纪新秩序——21世纪的地缘政治

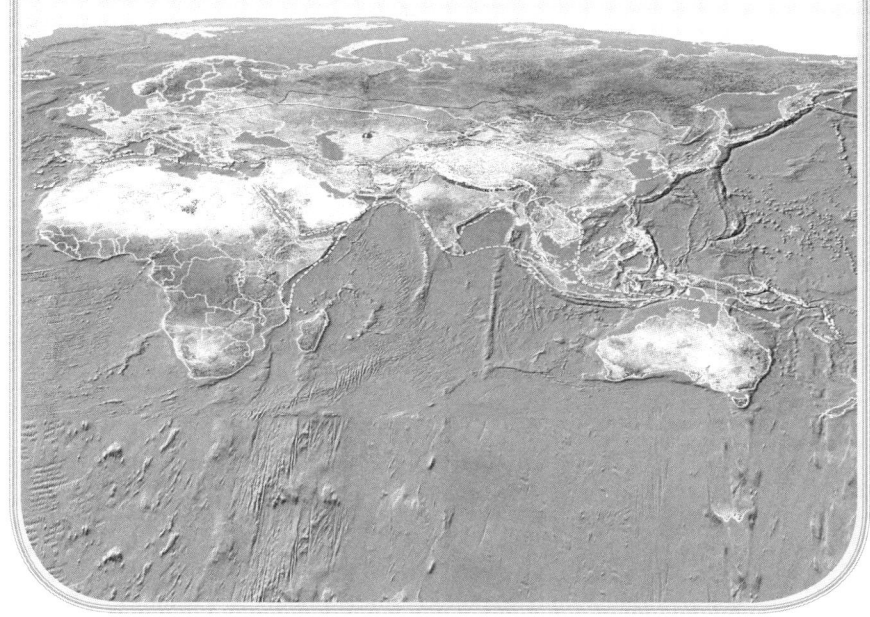

第四章
21世纪新秩序——21世纪的地缘政治

▶▶ 迈向世界新篇章

柏林墙倒塌近 30 年后，世界地缘政治环境迅速发生变化：亚洲日益崛起，权力平衡不再偏向西方；现有多边联盟的作用正在减弱，若干世界大国越来越聚焦本国事务，削弱了对国际问题的关注。与此同时，一些"冷战"时期的对抗再次浮现。

许多国家似乎抗拒变革。第二次世界大战之后建立的旧秩序正在逐步瓦解，可是，维持国家间和平与安全的新体系尚未出现。因此，我们不得不依靠现有的合作方式和机构来促进国际协作。可是，这些合作方式和机构显然已经过时了。与此同时，我们正在经历一场更为彻底的全球变革的浪潮。过去的一百年，我们生活的世界发生了改变，改变程度之深亘古未有。当下，改革步伐加快，速度前所未有。

这就是现代社会的矛盾。我们熟知数十年的地缘政治基础逐渐被一种新常态所取代，我们的应对措施将影响历史发展进程。

今天，我们既有能力也有方法来建立一个繁荣平等的世界。但是，我们也面临掉队的风险，可能会停滞不前，无法与时俱进。

我们共同面临的挑战发生了变化，愈加复杂化。同时，我们也进行了相应的调整。是时候重新审视这些挑战了，尤其是在全球安全领域，最重要的是制定一种新的长期战略方针。

世界各地日益增强彼此互联，全球化趋势加强，我们面临着前所未有的挑战，涉及面极广。这些挑战包括极端主义和恐怖主义的蔓延、经济危机的威胁、网络攻击、疫情以及冲突的影响。全球化的巨大挑战在于，尽管千里之外的国家出现了一些问题，仍有可能在全球范围内造成影响。

第二次世界大战后建立的政治秩序必然会改变，这不足为奇。21世纪，亚洲以及中国一直处于这种结构性转变的中心。全球权力中心不断演变，目前，美国越来越关注国内事务，当届政府推行了更多贸易保护主义政策，进一步强化了这一趋势。需要指出的是，世界仍然需要主要大国，尤其是美国的积极参与来处理国际事务。

此外，国际金融经济危机加速削弱了以往的世界权力中心的经济领导地位，产生了深远影响。即便出现了开政治经济的倒车、推行地方保护主义、建立军事同盟以及进行海上挑衅等情况，这些国家的政治或经济影响力也回不到从前。

与此同时，俄罗斯在世界舞台上发挥着越来越积极的作用，通过外交途径以及直接介入，积极参与解决中东问题，这在数十年来属于首次。多年来，俄罗斯一直投资增强自己的军事实力，并与中国以及上海合作组织的其他成员国都建立了战略合作伙伴关系。维持新的国际安全秩序，俄罗斯不可或缺。俄罗斯已经成为解决中东问题的重要一环。以我的经验，不论处境多么艰难，任何时候，各国都要确保沟通渠道的畅通。要实现新旧国际秩序的成功过渡，对话和外交非常关键。

新的国际安全秩序要求实现世界新旧权力中心的平稳过渡。美国、俄罗斯、中国以及小部分欧洲国家争相提升全球影响力，可是，必须承认，地缘政治的转变可能会导致全球发展进入高度不确定性时期。关于"修昔底德陷阱"已经有很多讨论了。修昔底德是古希腊学者，他描写了在他生活的那个时代，斯巴达和雅典之间的冲突。他认为，新兴力量崛起，开始与传统强国竞争，传统强国担心权力格局转变，这样，两股力量之间的冲突便不可避免。修昔底德警告说，当出现新势力来改变现有格局时，新旧势力的对抗风险便会增加。虽然这一结果并非不可避免，但我们依然要谨慎行事，以防止国家间的竞争恶化。

因此，我们看到，老牌大国，在努力了解如何应对不断变化的世界秩序的过程中，出现了"成长的烦恼"。随之，出现了两种全球事务的运行模式，同时进行：首先是权力与竞争主导的传统范式；其次是相互依存和互利共赢为特征的新模式。在当前的历史阶段，这两种模式艰难共存，表现为各国相互矛盾的行为——同时保持竞争与合作。

显然，旧习难改。美国、中国、俄罗斯和其他国家在制定政策时，权力和竞争模式仍然占主导地位，这体现在当今日益严峻的亚洲安全局势中。亚洲各个区域依旧充斥着霸权主义和强权政治，美国在亚洲建立的一系列联盟可以被视为一种遏制政策。华盛顿宣布"重返亚洲"战略，美国海军力量从大西洋转移到太平洋，这也被视为对中国迅速增长的回应。与此同时，中国一直致力于建立和发展与俄罗斯、中东、中亚、拉丁美洲和非洲的关系，同时，巩固与巴基斯坦等国的传统友谊。在太平洋地区，中国已宣布有意建设和部署一支蓝水海军（Blue-water Navy）。

目前，在多数世界大国，相互依存模式得到越来越多基层组织的支持，包括民间团体、商界、媒体、学术界和国际组织。面对日益增多的全球性挑战，国际社会迫切需要加强合作，谋求个人生存与社会稳定。在21世纪，很可能出现从战略竞争向合作、协作、互联互通的历史性转变。然而，这只有在强大有效的领导下才能奏效。当前，全球所有领导人面临的挑战是，如何恰当应对当前的过渡局面，同时消除任何隐患。我认为，这一点可以在不发生任何重大冲突的情况下实现，关键在于，各国之间要建立持久的经济合作关系，作为维护长远和平的保证和保障。

随着"一带一路"倡议的实施，中国迈出了重要一步，动员

60多个国家承诺加强互联互通，这表明，国际社会终于决定采用这一新的发展模式。然而，想要真正实现互联互通，世界所有国家的持续参与至关重要。世界其他地区和社会内部的分歧，从种族和宗教分歧，到收入和机会不平等的日益加剧，都需要得到承认和解决，而不能放任其升级。对于承诺加强互联互通的国家来说，要及时展示互联互通对它们的经济增长繁荣和社会发展产生的积极影响，这是十分重要的。它们将展示这个全新的、更加互联的世界的诱人之处——在那里，领土冲突终将成为历史。

21世纪的中国——在世界舞台上获得一席之地

中国预计将在大约10年内成为世界上最大的经济体，这将会引起全球秩序的巨大变化。经济地位增高了，自然而然，中国在地缘政治中的重要性也会随之大幅提升。在这方面，中国领导人寻求在全球范围内扩大其经济关系，尤其是与几个大国之间的经济合作。中国将对未来的地缘经济秩序产生深刻影响，这将对现有利益相关者构成挑战。各方如何适应这一不断变化的环境，对维护世界和平与稳定至关重要。

中国已经站在了世界舞台上。它无疑是一个全球大国，并得到国际社会的承认。中国的经济高速发展，提高了人民收入和消费水平。随着经济持续发展，中国可能会成为世界上一个更大的市场。但是，随着经济增长，中国的地缘政治影响力已经上升，这在情理之中。虽然这会对我们已知的地缘政治格局造成影响，但是，各国必须接受和理解这种影响。

中国已经将自己定位为世界强国，并得到了国际社会的承认。中国的经济增长及其先进的经济政策，是促进本地区和平、繁荣与稳定的重要因素。随着经济的持续增长，中国公民的收入和消费水平将会提高，中国的整体市场实力也会增强。随着经济地位的提升，中国的地缘政治影响力和雄心壮志自然也在增强，亚洲的安全与发展态势已经证明了这一点。中国现在正准备放眼亚洲以外，与更广泛的世界进行更充分的合作。

多年来，中国的既定政策一直是追求"和平崛起"与"和平发展"。我发现，中国领导人非常喜欢强调这一点，其外交政策避免任何剧烈波动。中国聚焦构建"和谐社会"与"和谐世界"，这符合中国作为一个文明古国的态度——重渐进式轻革命，避免公开冲突。

然而，中国希望发展自己的军事能力，以匹配自己在世界上的新地位，这很正常，强大的国防本身不应当引起世界其他国家的担忧。中国发展军力，从而改善国防和经济实力之间的不平衡，这不应当被视为对其他国家的挑衅。到目前为止，中国的军事存在主要局限于亚洲。想要真正维护全球和平，中国必须将其行动范围扩大到亚洲之外。强大的全球防御能力对中国的和平崛起至关重要。作为全球经济以及越来越多的全球地缘政治背后的离心力，中国需要匹配强大而可靠的国防力量，它必须有能力在必要时保护本国利益和本区域其他国家的利益，实力基础上的和平才将能真正保证全球和平。

自世纪之交起，中国已经致力于增强其军事能力，投资最新的军事装备，尤其是飞机和海军装备，并增强了中国人民解放军的实力，在训练和技术方面都进行了升级。中国拥有世界上最大规模的常备军队，中国政府一直根据现代安全局势变化和战争的发展来推进对中国人民解放军的管理。

强大的国防不应当引起世界其他国家的担忧。中国政府宣称，中国的军费开支约占其国内生产总值的2%。这还不到美国军费开支的一半，而且，中国发展军事是为了改善其国防和经济实力之间的不平衡，不应当被视为对其他国家的挑衅。正如美国前国务卿基辛格所言："我们必须明白，中国将变得更加强大，必须停止将其每一个举动都解读为侵犯行为。"

谈及中国坚定地维护自己权益的例子，我支持新加坡已故总理李光耀的观点。他说："中国志在国家的利益，而不是改变世界。"关于"修昔底德陷阱"已经有很多讨论了，提醒各国注意由于新兴力量崛起而引发冲突的风险。美国智库伯格鲁恩研究院（Nicolas Berggruen Institute）组织了一次会议，聚集了约20位前国家元首和政府首脑。会上，习近平主席针对这些问题发表了正面讲话。在人民大会堂会面时，习近平主席作了即席雄辩的讲话。演讲开篇，他说："我是中共中央总书记，也是中国国家主席。"我注意到他首先提到了共产党。习近平主席继续说："最近出访美国和英国期间，我对美国总统奥巴马和英国首相卡梅伦说过，我希望避免修昔底德陷阱，防止老牌大国与新兴力量之间发生冲突。"

许多人担心中国的崛起对世界格局的影响。拿破仑曾经说过："'中国是一头沉睡的雄狮。'现在，中国这头狮子醒了。但是，要记住，中国雄狮爱好和平。我们不相信霸权主义或扩张主义——这不是我们的本性。"习近平主席补充道，"最重要的是，我们要避免中等收入陷阱。"随后，他提出要积极参与国际事务，反对保护主义和内向型政策。他说，"各国不应奉行门罗主义，我们的大门对世界始终是打开的，不会关上。"

然而，必须认识到，每当世界力量平衡发生变化，就会产生挑战。许多国家对中国的崛起感到不安，一些国家对中国采取了遏制政策，因为它们怀疑中国宣称的"和平崛起"只是其实现领土扩张的烟幕。希拉里·克林顿表达了这些担忧，在担任美国国务卿期间，她表示："历史告诉我们，新强国的兴起往往会带来一个冲突和不确定的时期。事实上，在太平洋两岸，我们的确看到对中国的崛起以及对美中关系的未来的某些疑惧。"

用希拉里·克林顿的话来说，美国决定将国防重点"转向"

亚洲，就清楚地表明了这一点。一段时间以来，在亚洲抗衡中国一直都是美国政策的一部分。美国负责政治事务的前副国务卿尼古拉斯·伯恩斯描述了他那个时代美国对中国的政策：

我们希望确保在印度洋和太平洋，日本、澳大利亚、印度这些民主国家与美国保持军事合作伙伴关系，共同协作。因此，中国要崛起，也必须与其他国家保持合作。它不会发展到一个权力真空。我永远不会用遏制这个词，因为它非常不准确。美国无法遏制中国，但是，美国可以在民主国家之间建立政治和军事同盟，这样一来，中国就必须关注这个同盟，并与这个同盟建立合作关系。这是美国亚太政策的主要动力。

在这样的背景下，再回头看看修昔底德的理论，当这些世界大国被迫相互适应彼此不断变化的局势时，中国崛起所引发的紧张局势是否会升级为冲突？大多数分析人士认为这是不太可能的。更现实的中期方案包括重要利益攸关方之间继续采取不同的经济发展策略，包括开发自然资源、相互竞争的发展模式以及增强在全球经济和金融机构中的影响力。尽管如此，目前仍需努力缓解围绕争议领土的紧张局势，将重点放在外交和对话有助于建立相关国家的合作关系。

不论我在任与否，与中国领导人的接触中，我从未看到中国有任何领土扩张的意图。我认为，这种错误认知源于对中国外交政策的历史性误读，其外交方式与西方更具侵略性的外交方式形成了鲜明对比。基辛格恰如其分地通过象棋的比喻，对东西方的外交政策加以区分——在西方，国际象棋的终局是一场全面胜利的战斗；而中国象棋，或者说围棋，目的在于获得长期收益和相对优势。

在 2018 年的一次讲话中，习近平主席引用了孟子的话，孟子是一位活动在公元前 372 年到公元前 289 年的哲学家，儒家学派的代表人物之一。孟子说："孔子登东山而小鲁，登泰山而小天下。"这句话的意思是，面对世界大变革大调整的新形势，世界各国领导人应该登高望远，着眼大局。他们必须有长远的战略眼光。

我认为，中国可以与美国一道在国际上发挥重要作用。自苏联解体以来，美国一直是全球领先的超级大国，若有更多大国能够帮助我们共同应对全球范围的挑战，这有利于世界发展。更多全球权力中心的出现将有助于实现世界权力平衡，并成为国际力量的重要源泉。

中国已经表现出积极参与全球维和行动的意愿。现在，中国是联合国安理会维和行动的最大贡献者。2011 年，联合国秘书长潘基文首次任命一名中国军官领导一支联合国的维和部队，这是对中国在世界维和事业中发挥的作用的认可。自 2002 年以来，中国人民解放军同联合国一道，开展了数十项国际人道主义援助行动，向亚洲、非洲和拉美的发展中国家提供了广泛援助。

中国的一贯做法是通过经济政策与合作来缓和与对手的关系。自 1978 年推行经济改革以来，中国一直灵活处理国际关系。宿敌日本目前是中国最大的贸易伙伴；中国与印度的贸易额一直在显著增长；中国持有世界上最大规模的美元外汇储备，美国也是中国最大的出口市场；日本、美国是中国四大主要投资来源地中的两个。

然而，某些多边协定没有像世界贸易组织那样欢迎中国加入。跨太平洋伙伴关系协定是 21 世纪的多边贸易协定，迄今未能允许中国加入。各成员国努力使跨太平洋伙伴关系协定依照最初期望的方式发挥作用，然而，从一开始，它的设计就存在根本缺陷。为了将其影响最大化，跨太平洋伙伴关系协定等计划应该是包容性的。世界将拥抱和接受中国，反过来，中国也已经在进一步扩大开放规模。

大国之间的相互联系和相互依存是实现持久和平的真正驱动力，中国很快就认识到了这一点。中国甚至成功地与印度、日本等宿敌建立了密切联系。现在，中国本身已经成为一个重要的投资来源地，投资区域包括发展中国家和发达国家的资源开采、房地产开发、实业和基础设施建设。中国领导人一再强调，中国致力于加强与世界各国的双边关系。

近期,朝鲜与美国的关系出现历史性缓和,这是解决世界安全问题的重要一步,也是大国合作的有力例证。朝鲜和美国能够实现对话,中国的调停功不可没。这也充分证明,只有国际合作,才能进行相互对话,实现长远和谐与和平,这一点值得我们注意。一些国家和地区经历了连年的反应性行动,并在大国的共同努力下接受调停。在此基础上,世界大国还应共同努力,解决全球面临的其他问题。

联合演习是促进合作与和平的一种方式。例如,可以增强各区域武装力量之间的互动。要鼓励在区域间和全球范围内进行联合军事演习,以及实施自然灾害救援。要用健全的外交支持这些军事联系。在中国南海等潜在冲突地区,应将沟通方式制度化,在关键参与国之间建立热线,保持频繁接触和会晤,以防止由于纯粹的误解导致的冲突升级。在有争议地区,联合开采海底碳氢化合物等举措,可能有助于缓和紧张局势。

然而,许多国家已经表示,它们对中国的崛起感到不安。这些担忧合理吗?不论我从政与否,我的经历总是让我坚信,中国确实在追求"和平崛起"。在最近对美国和英国的访问中,中国国家主席习近平再次强调了这一点,并补充说,他希望避免出现"修昔底德陷阱"的情况。

总的来说,增加能够为解决全球问题做出积极贡献的国家的数量,使数百万人摆脱贫困,是世界发展的力量源泉。然而,要谨记,各方必须成熟地应对这种新的权力平衡的出现。要做到这一点,最佳途径是在峰会层面加强合作和互动,促进互联互通。

其中,"软实力"是一项重要的政策工具,与传统的依赖军事力量的策略相比,其更注重促进经济发展、加强文化联系和现代媒体宣传。20 世纪 80 年代,美国学者约瑟夫·奈(Joseph Nye)首次提出了"软实力"的概念,最先提出软实力的三大"来源":政治价值观、文化和外交政策。就这三种方式而言,每个国家都可以采用自己的方式方法。在其更纯粹的形式中,有了软实力,一个国家可以不通过武力威胁或胁迫,依然说服其他国家做它想做的事情。然而,软实力的作用早已不止于此。通过电影、文学和艺术,软实力可以增进国家间的了解,促进国家间的联系。所有这些都可以加强国家间的人文交流,并成为和平的保障。决策者要谨记,全球安全既依赖于军事行动,也取决于赢得民心。

在中亚,各国打造软实力来促进发展。数百年来,由于海上航线的开辟,中亚的陆地贸易额黯然失色,不过近期,特别是在反恐战争期间,中亚恢复了其历史地位。在反恐战争中,美国攻打阿富汗时,使用了其在乌兹别克斯坦的基地。中亚各国的地缘政治意义增强了,同时,他们也在努力打造自己的"冷战"后经济体系和当代经济制度。他们尽力发展本国产业,开拓本地市场,完善基础设施,同时参与日益全球化的世界经济。它们一边建设新的社会机构，如大学和医院，一边修复历史遗迹。中亚历史上记载的传统知识、建筑和艺术在当代得到复兴。各地都在创造自己独特的时尚，当地的古老音乐也正走向世界舞台。

考虑到中亚的重要战略地位，务必要关注中亚各国的政治稳定、经济健康、社会安全以及文化繁荣。这已经涵盖在古代丝绸之路的复兴中了。过去，这些国家在古代丝绸之路中起了关键作用。建立与其他国家和人民的联系，促进本国的贸易和文化发展，是现代外交的主要内容。通过对古代丝绸之路的重新开发，中亚可能会在世界文化和经济生活中再次发挥重要作用。

▸▸▸ 全球安全模式的变迁

倘若不能应对全球地缘政治秩序的变化，不仅将使我们更难共同面对安全挑战，也会使我们面临新的风险。不幸的是，我们正处于"成长的痛苦"时期，老牌大国正努力应对不断变化的世界秩序。在许多方面，这一情况令全球安全局势雪上加霜。

在某些方面，世界变得越来越不稳定。各项事件以前所未有的速度加快推进，各国政府努力迅速应对瞬息万变的压力和需求。相应地，"欧洲计划"逐步瓦解，英国脱欧打破了欧洲的团结局面，威胁到欧盟的生存。全球金融危机引发了人们对更广泛、更集约的欧洲一体化的质疑，欧元也是加重希腊和其他欧盟南部成员国的不良债务危机的原因之一。

叙利亚冲突、中东以及非洲的局势动荡和经济紊乱引发了大规模难民潮，削弱了欧洲的自由主义价值观，导致个别欧洲国家极右势力抬头。同时，北大西洋公约组织（以下简称北约）其他成员国与土耳其对北约的作用和价值在战略观念上存在分歧，对地中海和中东政策也持不同意见，导致北约的公信力受到质疑。

最严重的国际问题之一是中东问题，该问题是由于未能妥善解决中东危机而导致的。数十年来，中东一直冲突不断，长期悬而未决的争端不断导致人员伤亡。近期的军事干预和外国的政权更替更是加剧了中东问题。首先，新旧恐怖组织不断出现，伊斯兰国迅猛发展。伊斯兰国貌似在伊拉克和叙利亚遭受重创，却未能被完全消灭，其思想和分支有意无意间继续在其他国家和地区蔓延。总之，中东面临的重重危机愈加复杂化。目前，国际社会未能制定一个总体计划来帮助中东恢复和平与稳定。相反，世界大国主动退出，避免扮演调停角色。

我们需要集体承担责任，而非一再退让。世界的全球化本质意味着中东的不安定会产生广泛影响。恐怖主义不分国界，恐怖分子既不遵守公约，也不受国家边界的限制，没有一个国家能免受其影响。很明显，目前的战略根本没有取得我们所需要的效果。世界各地经历了一系列恐怖事件，最新的是发生在法国、比利时和土耳其的恐怖袭击事件。

未来战争将是针对非国家行为体的战争。非国家行为体一直在攻城略地并悉心经营，利用技术成功地与世界各地有相同想法的组织协作，招募人员，并宣扬他们的思想。这些问题不是孤立存在于一个国家或地区的，只能通过多边途径才能解决。要对付他们，跨境合作和情报共享至关重要。我们必须制定有效的战略，以克服国际恐怖主义构成的威胁，这种威胁已发展成各种各样的问题。恐怖主义没有国界，没有任何一个国家能够独自解决恐怖主义问题。

或许是受到极端组织轻率承诺的影响，出现了"独狼式"袭击，这使得安保任务比以往任何时候都更加复杂。"独狼式"袭击不属于精心策划的跨境恐怖主义阴谋，这些阴谋往往伴随着政治议题和讯息。我们今天看到的"独狼式"袭击可以说更加危险，因为它们很难追踪，我们无法先发制人。

当务之急是找到我们的弱点。目前，我们尚未制定出成功的对策。这需要全球协调、情报共享、采取联合安全和军事行动。我们要采取一种新态度，与那些直接受极端主义分子影响的国家以及那些可能支持这些极端主义分子的国家打交道。我们必须扪心自问，是什么样的情报失误，导致像伊斯兰国家这样的组织得以在区域内蔓延，并在全球招募成员？谁在资助这些非国家行为体，谁在支持他们，谁在鼓励他们？

目前还不清楚恐怖组织是如何形成和发展的，需要更复杂的情报来了解这些组织的资金来源、指挥和控制结构，以及他们与其他组织的联系方式。当涉及非国家行为体时，跟踪和通信追踪等传统方法通常不起作用。我们必须解决引发恐怖主义的根源问题，这样才能减少世界范围内新加入恐怖组织的成员数量。恐怖主义和极端主义是由于贫穷和困顿导致的，特征包括没有收入、缺乏机会、找不到解决办法、遭受争端以及绝望情绪。人们没有归属感和被边缘化到一定程度后，便会越来越容易走向极端主义。

我们要加强安全合作，遏制非国家行为体，同时关键是要与该地区主要利益攸关方展开认真对话。其次，我们必须促进这些国家的繁荣发展。虽然政治家们保证，他们将坚定不移地致力于打击恐怖主义，但是，仅靠军事行动和强硬策略是不够的，必须把它们同政治手段和促进社会经济发展的项目结合起来。伊斯兰世界，如巴勒斯坦、伊拉克、黎巴嫩、阿富汗和克什米尔，由于贫困、不公平和被剥夺自由，长期冲突不断，造成了人们根深蒂固的愤怒感和挫折感。必须解决导致恐怖主义的根源问题。全世界需要集中精力处理这些不满以及由此产生的宗派问题、部落问题、种族问题、民族主义问题和宗教问题。我们还应该制定战略，防范重新陷入恐怖主义的风险，并应对希望回国的公民，他们曾因与极端组织战斗而逃离自己的祖国。我们必须明确地向全体人民展示和平红利，毕竟，在这些国家，年轻人占主导，他们在充满战争硝烟的环境中长大。目前，国际社会需要做出一个重大的类似马歇尔计划的承诺。要在短期内实现这个承诺，可能要付出巨大代价，但是，如果能够实现区域安定，获得的益处是无价的。

必须强调，恐怖主义不分国界和宗教。伊斯兰教是一个和平与宽容的宗教，大多数穆斯林是热爱和平的。但是，由于狂热分子的行动，伊斯兰教在西方愈加遭受误解和歪曲。因此，我们必须叫板这一观点，并通过对话和接触促进文明间的和谐与理解。

我们要努力超越政治、宗教、种族歧视和偏见，以人道主义的眼光处理这一任务。太多国家错误地将恐怖主义视为安全或军事问题，而实际上，这是一个涉及心灵和思想的问题。不仅要促进领导人之间的联系，更要与当地人民保持接触。这样能够创造希望，促进不同信仰之间的和谐以及不同文明和不同文化之间的对话。现在，我们应该采取更全面更广泛的措施，既应对恐怖主义的威胁，也控制其相关影响。

由于美国和法国大选，英国脱欧，欧洲遭受经济困境，许多大国越来越关注国内问题，随之，世界上诸多其他地区变得越来越不稳定。

过去五年内，世界各地爆发或重新激起了至少15起冲突。其中绝大多数发生在非洲，即南苏丹、科特迪瓦、中非共和国、利比亚、马里、尼日利亚东北部、刚果民主共和国和布隆迪。在几起事件中，这些冲突与非国家行为体的出现一致，国家机构一直在努力应对他们的威胁。冲突导致武器扩散到这些国家，这只会使这些安全风险长期存在下去。

在中东，叙利亚和伊拉克的局势继续恶化，仍然没有任何解决的迹象；也门日益严重的人道主义危机引发深切关注；在欧洲，乌克兰的冲突仍在继续。与此同时，在世界某些地区，旧的隐患正在重新出现。2018年，国际特赦组织对北爱尔兰极高的仇恨犯罪率和仇恨事件数量表示担忧。截至2018年6月，警方共记录了1333件种族歧视事件及785件种族歧视犯罪事件，总数达警方自2004年有记录以来的最高纪录。在南亚，印度和巴基斯坦之间重新爆发冲突的风险仍然是一个重大的全球风险。关键是要实现这两个国家之间的持久和平，特别是必须集中在克什米尔，找到一个符合克什米尔人民期望和意愿的解决办法。

朝鲜半岛是另一个潜在的冲突地区，冲突一触即发。在过去20年中，由于大国之间缺乏信任，它们无法采取有效和协调一致的行动来控制朝鲜政权。美国和朝鲜之间进行了20多年的核对话，但是并没有阻止平壤建立核武器库。目前，尚未形成一个足够稳定的安全结构来处理中国、美国、日本、韩国和俄罗斯在这一地区的复杂关系。

人类付出的总代价是巨大的，并将在今后几十年继续产生严重的影响。联合国难民事务高级专员办事处（UNHCR）最近的一份报告显示，自有记录以来，战争、冲突和迫害迫使更多的人逃离家园，到其他地方寻求庇护和安全。2014年底，被迫流离失所的人数激增至5950万人，而一年前和十年前，这个数字分别为5120万人和3750万人。仅仅一年，人数增幅前所未有。

当前，叙利亚战争是世界上导致人们流离失所的最主要原因。2017年，平均每天就有42500人成为难民、寻求庇护或成为境内难民，导致通过危险的海上路线（地中海、亚丁湾和红海以及东南亚）寻求安全的难民人数急剧增加。据联合国难民事务高级专员办事处预计，这一情况将进一步恶化。

多年来，国际社会在派兵干预世界各地的问题上犯了几个错误。中东和阿富汗的种种例子表明，政权更迭不是解决问题的办法。在近代历史上，西方国家对某些国家进行了军事干预，但是没有制定明确的退出战略，导致他们试图帮助的人民处在比以前更为糟糕的状态。国际社会采取军事干预推翻了某国领导人的统治，结束了冲突，但是，之后并未制定明确的发展战略，这种行动无疑会导致灾难。在留下的权力真空中，宗派、种族和部落之间的分歧会被恐怖分子加以利用。

在任何冲突后的环境中，都应该有一项经过深思熟虑的经济复兴和增长计划，并得到大国和布雷顿森林体系的支持。这项计划必须包括现成的解决方案和可信的结构性改革。

全球领导危机

我们共同面临的主要挑战之一是全球领导危机，它可能会阻碍国家间的成功合作，这在欧洲内部可见一斑。目前，英国正围绕脱欧问题进行激烈辩论，包括美国、欧盟和俄罗斯在内的主要经济和政治超级大国之间的关系也证明了这一点。

导致这一危机的主要原因是联合国的软弱无能，令人失望。过去9年中，联合国，这个曾经影响深远的国际机构，基本上没有发挥什么作用。危机产生后，联合国多次未能带头解决危机或成功调解冲突。联合国没有在解决中东问题、东欧问题和难民危机中发挥关键作用。美国、中国、俄罗斯、英国和法国这五大安理会常任理事国必须更好地合作，这一点至关重要。目前，五大国在一系列问题上存在相当大的分歧。需要重新强调对话、外交和凝聚力。五大国必须更注重在一系列问题上开展更密切的合作。

第二次世界大战结束后，联合国成立，旨在维护世界各地的和平与安全。然而，多年来，由于组织架构和官僚制度的限制以及无法迅速应对世界变化，影响了联合国的工作效率。南美国家、非洲国家和除中国以外的其他亚洲国家都没有常任理事国席位，安理会早该就此进行改革。

同时，联合国扮演重要角色的机会也越来越多。今天，当今各大国之间似乎比以往更不愿意相互合作。可以说，这为联合国在全球发挥更大的作用并成为一股正面力量留出空间。进行结构改革,鼓励团结合作,有助于联合国实现这一目标。

我们必须抓住机会,振兴联合国。国际社会有责任确保联合国实现其目标,重振联合国,增强联合国的实力,以应对全球性挑战。要进行大胆改革,以提高联合国履行其使命的效率;建立考评机制,以增加透明度和促进问责制的实施;更新和协调人力资源政策和实践;根据明确的标准和有限的任期来挑选领导层,任期以两届为限,每届任期4到5年。目前,联合国的工作人员都是满怀善意的敬业人士,但他们可以得到更有效的部署。否则,这种情况会导致不适当的资源分配和创造性思维缺乏。

随着各种安全威胁、经济危机或社会威胁的出现,全世界愈加面临领导力危机。政治家和决策者缺乏全球视野,过分关注国内短期的政治性周期。我们面临越来越多的全球威胁,这些威胁来自恐怖主义、安全问题、核扩散、网络攻击和自然灾害,可能在未来造成麻烦,破坏和平与进步的前景。世界各国,特别是发展中国家,需要世界一流的、有远见的领导层,才能释放真正的潜力,应对这些威胁。

世界大国和具有战略地位的国家必须加倍努力,发展其打击非国家行为体的情报能力和方法。如若合作成功,将有助于重新集中精力,就共同关心的问题进行合作。例如,气候变化对整个地球造成了威胁。主要碳排放国必须采取共同行动,减少排放,建设以绿色能源为基础的世界经济。要实现这一点，需要制定全面战略，促进环境可持续增长。

要建立一种新的全球合作架构，同时，改革包括联合国在内的现有机构。至关重要的是，我们还必须解决长期存在的紧张局势和分歧，并通过外交和对话处理任何潜在的紧张局势。在潜在冲突地区，应将沟通方式制度化，保持关键参与国之间的频繁接触、对话和会晤，以防止由于纯粹的误解导致的冲突升级。在有争议地区，联合开采海底碳氢化合物等举措，可能有助于缓和紧张局势。

欧洲内部的斗争必须得到解决。长远来看，对任何欧洲其他国家或邻国采取敌对态度，都不会使该欧洲国家获益。与俄罗斯加强合作，将有助于抑制气温上升，为俄罗斯和欧盟国家带去很大的和平红利。从长远来看，在所有主要利益攸关方的共同努力下，整个欧洲的安全、稳定和繁荣是可以实现的。

2016年，英国公投脱欧后，很可能需要重新谈判针对欧洲大陆的安全部署。在过去的25年里，欧盟制定了一项共同的外交和安全政策。联合行动取得成功的例子包括对伊朗核野心的共同回应，以及在俄罗斯吞并克里米亚后，对俄罗斯实施的制裁。即使在英国脱欧之后，欧洲国家也没有理由不保持当前的合作水平，欧洲各国必须要像过去一样共同努力。英国的主要安全伙伴之一——美国，在维护欧洲和世界各地的安全与稳定方面，仍将发挥关键作用。许多国家，特别是亚洲、南亚和其他地区的国家，希望美国发挥领导作用，为它们提供支持甚至施以援手。

世界人口激增，特别是发展中国家的人口规模、青年人数以及青年在总人口中的占比都在迅速增长。政府要努力投资教育和健康领域，这样一来，不断增长的人口有助于加快经济增长和发展。如若不然，随着贫困人口增多，失业率上升，可能造成国家动荡不安、冲突频繁、恐怖主义泛滥。因此，必须制定和推行一系列计划，明确优先考虑贫困人口，最终实现世界各国人民平等和包容性发展。

▶▶▶ 未来的安全挑战

利用新技术所带来的变化——从提高自动化程度到所谓的"颠覆性"创新（使旧产业实现转型）——可能有助于我们的经济制度适应21世纪的发展要求。世界各地的生活水平可以得到显著提高，为社会流动和发展提供激动人心的新机会。

然而，如果没有谨慎的政策来完成这一过渡，可能会产生重大的社会影响。各行各业和我们生活的方方面面自动化程度提高，引发了巨变，这种变化速度之快是以往任何工业革命都无法比拟的。倘若这一过渡无法成功完成，而且政府没有足够的投资对劳动力进行再培训，让人们拥有找到好工作所需的技能，那么，可能会滋生不满情绪，并最终导致动荡。如果这种情况与发展中国家的人口迅速增长相结合，可能会导致数百万年轻人失业，甚至容易受到极端主义的攻击。

网络攻击是另一个我们知道的由于技术革命引发的日益严重的全球威胁。随着世界走向网络化，我们的信息被黑客窃取的可能性也在增加。在各个部门，需要在最高层次设立特别小组来应对日益增长的网络犯罪威胁。

这些问题，以及我们面临的恐怖主义、安全问题、核扩散和自然灾害等重大全球性挑战，不可能得到单方面解决，任何国家或领导人都不可能独享智慧。我们必须首先建立一个新的全球合作架构，才能有效应对恐怖主义的威胁和非国家行为体染指恐怖主义。指望任何世界大国在所有问题上都能达成一致是不现实的，出现分歧是必然的。我们的挑战是需要在有分歧的前提下合作，不断保持沟通渠道畅通。我们需要有效分享信息，协调各方反应，建立信任储备，这样，当危机真的出现时，我们能有效处理，不用担心由于误解而导致危机加剧。只有这样，我们才能扭转目前不断升级的暴力和暴力袭击的趋势，这些冲突和袭击是影响社会发展的关键。

几乎在所有情况下，经济合作都是解决冲突的关键。中国的"一带一路"倡议提出了这样的发展前景，为整个国际社会而非仅仅参与倡议的60多个国家带来贸易和生产规模扩大以及更加繁荣的经济。这个大胆的倡议为世界其他国家树立了榜样，阐释如何通过国际开发与合作实现经济增长和繁荣。

我们也能够将目前面临的一些最大挑战转变为机遇，从而构建一个更好更稳定的世界。世界上没有哪种改变是轻而易举或毫不费力而完成的。要实现目标，我们需要打造坚定的政治决心，获得所有国家重要涉众的支持，拥有战略领导力，这一点最为关键。

打开这些机会之门，不仅有助于我们实现一个全球新秩序，也会为全人类在这个新的千年中带来和平、稳定和进步。

建设新丝绸之路 ▶▶
▶▶ 解析"一带一路"倡议对现代世界的影响

第五章
全球经济

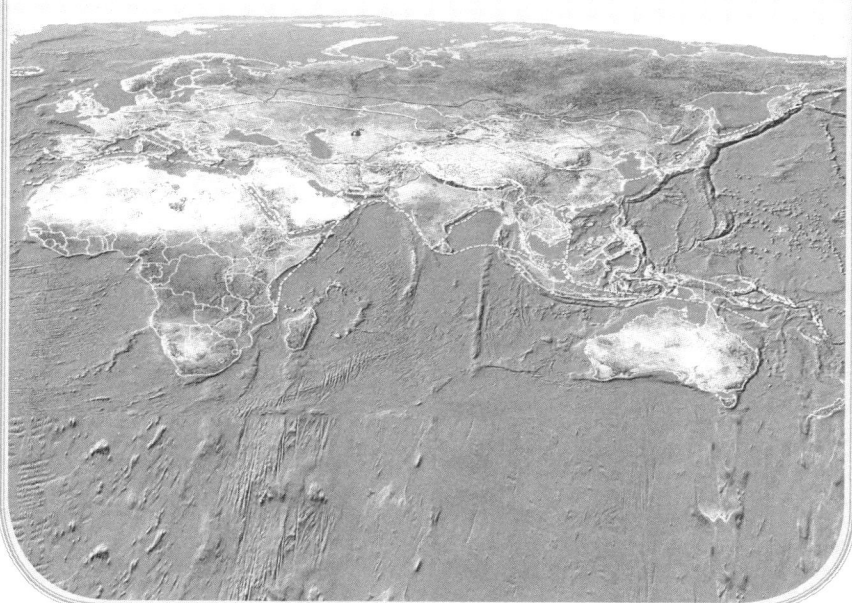

第五章
全球经济

我们所生活的世界的全球化本质,在微观和宏观层面都产生了革命性的影响。这有助于构建地缘经济新常态,这一新常态正在稳步改变全球事务。全球化的涟漪效应已经波及广泛,使市场实现了空前的开放,创造了新的机会,帮助数百万人摆脱了极端贫困。这些变化,再加上包括"一带一路"倡议在内的新的重大进展,正在大幅改写欧亚大陆的经济版图。

与此同时,我们正在经历一些新的经济和社会政治挑战。在全球金融危机的余波中,以经济统一为重心的欧洲计划开始分崩离析。希腊和意大利等国正在艰难应对加入经济同盟所遭受的种种限制,英国的脱欧计划进一步对欧盟造成了打击。虽然英国脱欧的长期影响尚未可知,英国的关注点却发生了有趣的变化,其最坚定的支持者越来越多地呼吁英国不要把自己与欧洲邻国绑在一起,要寻求与更遥远地区(尤其是亚洲)的贸易和合作机会。

2018年6月,英国国际贸易大臣利亚姆·福克斯博士(Dr Liam Fox)就中国撰写了以下文章,阐述了英国将发展视线扩展到欧洲之外而获得的机会。他说:"过去20年,中国的工业产能大幅扩张，引领世界各地的行业转型和本国经济转型。显而易见，中国的成功是全球经济重新平衡的结果，亚洲和远东国家的经济增长水平都超过了西方传统发达经济体。"

紧接着，福克斯表示，"一带一路"倡议"是中国继续保持快速发展的核心动力，涉及对亚洲和中东欧各地基础设施项目的投资。新的机场、铁路和港口，将加强国际联系，为贸易和投资创造海量新机遇"。

然后，福克斯阐述了为什么英国是中国推进全球互联互通的"天然合作伙伴"。这是一个重要的信号，表明英国认识到亚洲正在实现巨大发展，英国渴望扩展自己的视野，加入其中。福克斯总结道："约两年前，英国公投决定退出欧盟，近两年来，英国国际贸易部和本届政府坚持自由贸易原则，同时，认真发展与中国等不断增长的经济体的关系。通往繁荣的道路不在于封闭，而在于拥抱全球化的机遇。通过这种方式，我们可以确保竞争，提高生产率，保持创新的动力，最终使我们所有人都过得更好。"

英国对亚洲的兴趣与欧盟在亚洲不断增加的投资水平相呼应。2016年，欧盟推行其全球战略，认可互联互通，要求欧盟加强与亚洲的接触，并指出互联互通的亚洲有益于欧盟的安全和繁荣。显然，全世界日益认识到，建立一个更加繁荣与和平的世界需要加强互联互通和相互依存。互联互通本质上是打造各种网络，包括海陆空交通网，也可以是数字化网络，包括从电缆到卫星的移动或固定网络。互联互通还包括能源网络：从天然气到电网，从可再生能源到提高能源效率。除此之外，互联互通还涉及重要的人文领域，包括教育、研究和旅游创新等领域的合作。它既用于促进人与人之间的互动，也能加强人、地域和机遇之间的联系。要有效发挥互联互通的作用，需要制定国际通行的规则、惯例、公约和技术标准，并得到国际组织和机构的支持，为互联互通的顺利发展创造有利环境。

上海合作组织、经济合作组织、南亚区域合作联盟等区域化组织以及新的跨国机构，均有机会在这一领域发挥更加积极的作用。我们应当勇于面对任何潜在的发展障碍，从而开辟新的发展路径。

未来 20 年，全球经济运行和互动方式的转变将会持续。全球化将继续快速进行，各国将比以往任何时候都更容易与本国以外的地区建立联系。随着科技的兴起和传播，其发展速度之快前所未有，传统边界的意义将越来越小。决策者必须要认识到这一点，并抓住这一机遇，而不是将其视为一种挑战。我们需要继续扩大市场规模，增强竞争力。全球化和快速变化带来了挑战，同时，也为我们提供了前所未有的机遇，错过这些机会的人都没有抓住发展关键。

发达国家逐渐从 2008 年金融危机中复苏，同时，亚洲依然是世界重要的经济体。预计亚洲将保持继续增长，并在当前十年结束前依然实现最快增长。到 2030 年，亚洲，包括至关重要的中国和日本，预计将占全球国内生产总值的最大份额，占比约为 40%。亚洲的持续繁荣在一定程度上受到人口增长的推动，预计到 2030 年，亚洲人口将再增加 4.1 亿，中国将是亚洲经济增长的核心。

在大约十年的时间内，中国有望成为全球最大的经济体，引起重大的历史性转变。中国领导人还积极寻求扩大经济关系，尤其是与若干主要国家之间的经济合作。因此，中国将对未来的经济秩序产生影响，对现有利益相关者构成挑战。各方如何适应这一不断变化的环境，对维护世界和平与稳定至关重要。

中国经济增长的根源在于数十年来，中国领导人认真规划，大胆改革，追求国家发展的宏伟蓝图。1978 年，邓小平放弃了毛泽东主席的经济政策，在中国实行对外开放。1978 年 12 月，在十一届三中全会上，他提出全面改革经济体制。当月晚些时候，中国从美国订购了三架波音 747，可口可乐宣布将在上海开设一家工厂，这标志着现代繁荣的中国的开始。邓小平既有勇气，也有远见，领导中国走出这一步。改革一直持续到下一个十年。从 1989 年开始执政到 2003 年卸任，江泽民主席通过持续的经济改革，创造稳定有利的增长环境，带领中国成为世界上增长最快的经济体。2001 年，他与国务院总理朱镕基一起努力，谈判加入世界贸易组织，使中国融入全球经济。他的继任者，国家主席胡锦涛，和国务院总理温家宝，是第一代没有亲身经历过 1949 年革命的高层领导，他们把中国经济带入了一个新的发展阶段，成功地推动了中国的经济崛起，使中国继续成为全球经济强国。

今天，在国家主席习近平的战略领导下，中国正在经历改革和治国理政新阶段。中国保持了很高的开放水平，由于较高的劳动生产率、良好的纪律和有利的环境，中国已经成为"世界工厂"，许多跨国公司在中国办厂和生产产品。由于房地产市场的繁荣和更强劲的经济增长，人民生活水平得到改善，创造了数以百万的就业机会。世界银行的最新报告显示，自 1990 年以来，中国的极端贫困（即每天生活费不足 1.25 美元）人数减少了一半。

然而，中国现在面临的挑战是实现公平发展，在社会上和各区域更均匀地分配发展机会，这将有助于引导中国在保持稳定的同时实现过渡。要满足社会需要和打造人类发展项目，同时，以强有力的管理体系为基础，基于放宽管制和自由化来推行结构改革，有助于推动这一进程。私营企业可以发挥重要作用，可以通过奖励和政策措施进一步鼓励私营企业发展。应当鼓励私营企业和公私合营企业共同发展，促进经济增长和生产力发展。例如，在房地产行业，这种做法已经取得了成功。可以加快推进建立上海自贸区等举措，并在全国范围内推广，允许本国和外国投资人投资。

最近，中国领导人非常明智，推行了一项税收改革和简化计划，包括在过去五年削减税收。这些变革已初显成效——2017年，中国的总收入实现了两位数增长，这在数年来尚属首次。这说明，良好的治理和有力的改革可以产生明显效果，中国近年来的发展对世界其他国家而言很有借鉴意义。

随着经济体的成熟，它们越来越需要改变和放宽管制，以维持增长速度。要注重创新，提高生产力，不断创造价值。发展中国家应从代工生产零部件或商品发展到开发自己的国际认可品牌。这包括更加注重研发，以研制可以出口到世界各地的高科技产品。一些公司已经在这方面取得了进展，代表企业包括专注于娱乐、人工智能和技术的互联网科技公司腾讯以及汽车制造商吉利。百度和阿里巴巴等一些中国企业已在全球金融市场成功融资。很明显，中国的制造企业逐渐增强研发能力，打造了像华为这样的电信公司和电脑硬件制造商以及家电企业海尔集团等品牌。总部位于深圳的电信公司华为，其工厂是世界级的。中国不缺人才，要利用人才，在其他领域复制高水准的创新。

总的来说，随着中国的发展，中国在高科技和高附加值产品中的份额将会增加，这反过来又需要更多的技术以及有效利用人力资本。结构性改革的持续需求将决定中国经济的增长速度。中国已经拥有人力资本来推动和提高工业生产的质和量。

在与其他国家打交道时，中国的一贯做法是通过对话、审慎的经济政策和合作来加强双边关系。自1976年推行经济改革以来，中国一直谨慎地将其外交政策的重心放在谋求共同经济利益和发展上。经济外交是有效和审慎的方式，取得了显著的成果。例如，宿敌日本目前是中国最大的贸易伙伴；中国与印度的贸易额一直在显著增长；中国持有世界上最大规模的美元外汇储备，美国也是中国最大的出口市场。中国一直致力于促进与巴基斯坦的贸易并增强投资。其他国家可以从这些例子中学习中国的做法，认识到世界正从传统模式转向更紧密的互联互通模式，经济联系成为支撑国际关系的基础。相互联系和相互依存是持久和平的真正动力。

近年来，"一带一路"倡议的宣布，最大程度上促进了亚洲乃至整个世界的互联互通。许多行业都在变化，劳动力需求减少，此时，"一带一路"是促进就业的关键推手，而且不仅仅是提高中国的就业率。据说，仅在2014—2017年，中国对参与"一带一路"建设的经济体的对外投资，为当地创造了20多万个就业岗位。

▸▸ 技术革命带来的变化

技术更新速度空前绝后。过去的一个世纪，由于科技发展，人类在地球上的生存性质完全改变。从积极意义上而言，由于飞机、电视以及互联网的出现，地球缩小为地球村。技术发展，引起生产规模和贸易规模扩大，市场达到了前所未有的繁荣。技术发展可以满足世界对粮食、能源和住房的基本需求。技术革命对我们的社会、经济和地缘政治产生了广泛的影响。

我们正在购买比过去更便宜却更好的商品和服务。与此同时，健康和生活质量不断提高，人们的平均寿命有所增加。自1990年以来，每天生活费不足1.25美元的人口数量减少了一半以上。经济的"优步化"以一种新的激动人心的方式把供求结合在一起，消费者可以享受越来越多的服务。人类可以避免接触，只要按一下按钮，食物就会送到家门口。就连麦当劳这个全球资本主义和就业的象征，也实现了自动化。顾客可以在电脑屏幕上下单，等待配餐，配餐结束后号码会在屏幕上显示。

我还记得花旗银行在上海外滩开启第一个自动取款机时的兴奋之情。那是在20世纪80年代中期，看看我们今天走了多远。货币的方方面面都在发展。如今，我们随时都可以上网查看银行账单，不再像我们的父辈那样，要在银行分行的营业时间内排队领取旅行支票。无接触式支付和移动支付很快将使现金交易成为历史。银行分行逐渐消失——因为我们在网上或手机上可以办理一切业务。

在巴基斯坦，我负责将移动网络连接扩展到最偏远地区。数以百万计的人与外界的互联互通后，产生了真正的变革效应，他们获得了前所未有的机会。电话不再仅限于用于交流，它可以传授知识，提供工作机会，用于理财，是获取信息的途径，并为用户赋能。

在这个日益紧密联系的世界里，众多人都可以使用电话和互联网，这是一个可以打破禁忌和文化壁垒并拉近人们距离的世界。它可以纠正偏见，给我们更好地解决冲突的机会，因为我们可以更好地理解不同于我们的人，这个原因简单但是有力。全球化的媒体意味着某些事情在世界的遥远角落发生，却可以立即在全球引起共鸣。

不断扩大的技术前沿可以极大地促进世界各国政府的执政能力。技术有助于改进公共服务，如改善医疗条件，更有效地利用资源。电子政务的发展可以鼓励良好的治理、提高透明度和减小误差。减少政府各部门的人员往来，最大限度地减少了腐败的可能途径。税收是个最好的例子，信息搜集能力的提高可以产生翻天覆地的影响。

▸▸ 21世纪的全球经济挑战

技术可以带来以上所有的好处，但是，技术是一把双刃剑，必须谨慎应对当前的过渡。由于自动化而面临失业的工人需要接受充分的再培训，并能够获得新的发展机遇。技术革命的同时，必须给予社会上每个人必要的技能培训。年轻人需要学习创新和创造能力。机器会越来越复杂化，但仍然不能取代人类。采取积极的态度,看到周围的机会,而不是问题,是至关重要的第一步。

我们必须敏锐地意识到世界面临的新危险。对技术的日益依赖,使我们所有的系统更容易遭受网络攻击。黑客能够窃取我们的银行信息,控制我们的资产,利用我们的身份,并造成大规模的破坏。今日世界面临非常真实的全球安全威胁,网络犯罪日益令人担忧。我们需要提高追踪网络犯罪分子的能力,提高政府系统的安全性,并建议规模较小的公司也关注网络安全。我们需要成立特别小组来应对网络犯罪的威胁,应将对个人数据信息的侵犯视为与抢劫银行同等严重的罪行。

国际社会还需要努力使我们的经济结构、税收制度与科技巨头创造的新世界相适应。目前,欧洲和美国对如何做到这一点有不同的看法。对话与合作是关键。在现代世界,我们需要找到一种更好的征税方式,我担心的是,这种方式绝不能阻碍投资和发展。

世界所面临的最大挑战之一是人口问题。在发达国家,人口总数减少,人口结构老龄化,给福利国家带来越来越大的压力。相反,世界上许多地方的人口正在迅速增长。在这种人口发展趋势下,广泛的教育改革至关重要。试图加入劳动力大军的年轻人应该具备必要的技能,以获得更多机会。随着人口增长,需要进行广泛的教育改革。已加入劳动大军的年轻人已具备一定的技能,这样,他们只能抓住少量发展机会。如果他们没有接受教育,没有工作,世界就会面临这样的风险:这一代人被疏远了,对社会没有投资和归属感,这可能会导致一些社会经济和政治问题。相反,发掘这些年轻人的潜能和工作能力,可能会对世界产生巨大的推动作用。决策者应该把重点放在充分利用这些年轻人的才能和工作能力上,这对所有国家都有巨大的促进作用,促进经济增长和繁荣。

全世界约有 8 亿人仍然生活在极端贫困中,挨饥忍饿。在受冲突影响的国家,失学儿童的比例从 1999 年的 30% 上升到 2012 年的 36%。需要做更多的工作来消除全球贫困,并大大改善世界各地最贫困人们的生活。自提出"千年发展目标"以来,已经取得了重大进展。联合国称"千年发展目标"是"历史上最成功的反贫困运动"。尽管将极端贫困人口减半的目标差一点而没有实现,但是,每日生活费低于 1.25 美元的人口数量已从 1990 年的 19 亿减少到 2015 年的 8.36 亿。5 岁以下儿童死亡率下降了一半以上,自 1990 年以来,从每 1000 例活产死亡 90 人下降到每 1000 例活产死亡 43 人。数据显示,全球孕产妇死亡率下降了 45%,其中大部分下降发生在 2000 年以后。2000—2015 年期间,620 多万人免于疟疾引发的死亡。虽然许多"千年发展目标"在全球范围内取得了重大进展,但各区域和国家的进展并不均衡,造成了巨大的差距。

然而,要使剩下的 8 亿人摆脱极端贫困,还需要继续努力。2015 年,联合国秘书长潘基文概述了可持续发展议程的愿景。可持续发展目标旨在 2030 年之前继续努力消除全球贫困,并从根本上改善全世界人民的生活。它注重整体分析,其目标包括改善性别平等,普及优质教育,以及建设可持续城市和实现更环保的增长。

冲突仍然是人类发展的最大威胁,局势不稳定的国家和受冲突影响的国家通常贫困率最高。数据显示,在过去 20 年中,在全球 174 个国家中,近 90% 的国家有更多的女孩有机会上学,女性在议会中的席位也有所增加。尽管如此,性别不平等现象依然存在。女性在找工作、取得收入和参与私人和公共决策方面依然受到歧视。

许多国家面临的最大挑战之一不仅是如何鼓励增长,而且包括如何确保公平增长。随着经济增长,不平等问题也随之而来。经济学家托马斯·皮凯蒂(Thomas Picketty)就贫富差距日益扩大的危险向我们发出了严厉警告。他认为,不平等是资本主义的一个系统性特征,因为资本积累财富的速度快于劳动力创造财富的速度,而且资本回报率比劳动力回报率高,两者比率约为 5∶1。这就是说,随着广泛的社会领域的改革不断推进,应该留出额外的资源来处理不平等造成的问题。如果不制定谨慎的政策来应对当前的过渡,可能会造成重大的社会影响。利用新技术所带来的变化——从提高自动化程度到所谓的"颠覆性"创新(使旧产业实现转型)——可能有助于我们的经济制度适应 21 世纪的发展要求，从而开启新的发展机遇。

十年前金融危机的余波表明，我们需要找到一种方法，更好地保护我们的经济体系不受未来经济冲击的影响。经济的周期性意味着总会有另一次衰退，然而，谨慎地制定政策和投入正在进行的结构性改革可以保护我们免受潜在冲击的影响。随着经济体的成熟，他们越来越需要改变和放宽管制，以维持其增长速度。对许多国家而言，结构性改革应包括私有化、自由化和放宽管制。结构性改革将有助于提高行业竞争力，使其达到世界级的管理标准。

美国当前政府一直热衷于通过经济改革取得成功，而特朗普总统则一直对标经济发展衡量他的执政成就，其中一些措施显然产生了立竿见影的效果。例如，2017年实施的全面税制改革可以说是本届政府迄今取得的最大成就。绝大多数纳税人的税单将会降低，企业税率将削减15%，可以推动美国企业的发展。然而，特朗普政府推行的许多政策，本质上都是贸易保护主义政策，聚焦于本土发展，而不是与更广泛的世界建立联系。这可以从美国退出各种多边协定以及该国的综合关税政策中看出来，这可能会使美国陷入一系列的贸易战。

保护主义言论通常会受到选民欢迎，但也会产生更广泛的影响。如果花言巧语变成了政策，这可能会打击外国的投资意愿。

如果这种情况演变成一场贸易战，可能会损害经济长期发展。

贸易战不容易打赢，各方都会遭受损失。在经济方面和地缘政治方面，贸易战都会造成损害，因此，各国都应当将贸易战作为最后不得已的手段。大部分关税通常会转嫁给消费者，提高中产阶级家庭购买的商品和服务的价格。这将进一步压榨已经负债累累的家庭，提高资金借贷成本，减少消费支出，导致缓慢的经济增长。贸易战也会破坏国内就业。例如，美国最近征收钢铁关税，导致钢铁的生产成本大幅提高，钉子制造商不得不提高钉子的售价以保持盈利。由于外国的钉子生产公司不用对钢铁缴纳25%的关税，它们现在可以在美国以低得多的价格销售钉子，导致美国的钉子公司失去了客户，并裁员数百人。

正如国际货币基金组织在2018年7月的一份报告中所说：

避免贸易保护主义，找到促进商品贸易和服务贸易持续增长的合作解决方案，仍然是保持全球扩张的关键。实施的政策和推行的改革应以维持经济活动、促进中期增长和增强包容性为目标。但是，随着经济放缓和下行风险上升，许多国家需要重建财政缓冲，为下一次经济下滑留出策略改善空间，并增强财务弹性，抵御更大的市场波动。

国际货币基金组织指出，这一下滑趋势预计不会很快结束：

第五章 全球经济

目前全球贸易处于紧张状态，一些发达国家对全球经济一体化的支持减弱，也给经济前景蒙上阴影。在过去几个月里，美国对各种进口商品征收关税，促使贸易伙伴采取报复性措施。与此同时，美国想要修订北美自由贸易协定，英国与欧盟其他国家之间在重新商定经济协定。贸易紧张局势的升级可能会破坏商业和金融市场的情绪，从而削弱投资和贸易。除了对市场情绪的直接影响外，贸易措施激增还可能导致贸易行动的潜在范围更加不确定，从而阻碍投资。同时，贸易壁垒的扩大会提高可贸易品的成本，破坏全球供应链，并减缓新技术的传播，从而降低生产率。

决策者必须把他们的选举议程抛之脑后，考虑贸易保护主义可能造成的损害，尤其是在当前，有许多经济不确定因素正在酝酿中，可能会对全球经济一体化造成威胁。

▶▶ 改变是唯一不变的定律

各国需要找到一种方法，更好地保护自己的经济体系不受未来经济危机的影响。许多人还没有从上一次全球经济崩溃的影响中解脱出来，但是，经济的周期性意味着总会有另一次衰退。然而，谨慎地制定政策和投入正在进行的结构性改革可以保护我们免受潜在冲击的影响。随着经济体的成熟，它们越来越需要改变和放宽管制，以维持其增长速度。结构性改革将有助于提高行业竞争力，使其达到世界级的管理标准。外国投资带来了全球标准和创新，并降低了腐败的可能性，而且不会影响主权。

只有不断改革，我们才能走在时代的前列，这是创造吸收能力促进增长、确保各国未来繁荣的最佳途径。正如世界银行的营商环境指数所显示的，较成熟的经济体正让位给推行有活力的结构性改革的国家。任何一个国家（或组织）都必须进行调整和改革，技术变革使这一点比以往任何时候都更加重要。所有的决策者都应该认识到，为了实现繁荣发展，各国需要继续实施广泛的结构性改革。一个国家应该保持持续改革——改变是唯一不变的定律。

我在巴基斯坦任职期间，工作重点是帮助巴基斯坦应对经济挑战。我们集中精力安排缓期偿还堆积如山的外债，同时推行严格的结构性改革方案，向世界表明我们的决心。结构性改革基于三项关键原则——私有化、自由化和放宽管制。我们成功地制定了全面的重新还债期限，覆盖规模前所未有。很快，我们看到了结果。我们设法将债务延期38年，宽限期为15年，从而降低了借款成本。这实际上带给我们30%左右的折扣，并为我们提供了所需的财政空间。几年之内，我们成功地扭转了经济发展态势。全年经济增速为6%～8%，国内生产总值在5年内翻了一番。我们的方案成功的原因之一在于这个方案完全是针对巴基斯坦的状况制定的，跳出了固有的思维模式，是为巴基斯坦量身定做的解决方案。没有任何两个国家是完全相同的，因此，在改革方面，千篇一律的做法通常不会奏效。至关重要的是，要有一种主人翁意识，或者任何改革举措都要从实际出发。

尽管如此，还是有一些关键的原则可以广泛应用。各国通常受益于实施有效的结构性改革，包括开放市场、提高竞争力、鼓励国内和国外投资。要营造有利于经济增长的环境，鼓励创业创新。政府有责任保证良好的监管，并确保重视法律和命令。此外，必须将结构性经济改革与改善社会服务、提高识字率、为所有公民提供机会和改善性别平等结合起来，这将有助于为人们赋能，让他们拥有更好的未来。最重要的是，我们必须记住，不论是发达国家还是发展中国家，改革是一个持续的过程。改革如逆水行舟，不进则退。

构建全球合作新格局

中国很有远见，认识到建立全球合作新架构的必要性。亚洲基础设施投资银行（以下简称亚投行）等新兴全球性机构的成立为促进多边合作迈出了可喜的一步。亚投行成立于2015年，对于该地区乃至全世界来说，这都是一个求之不得的机会，可以打造一个新的金融基础设施，更准确地反映当今经济发展的现实。亚投行是对现有的多边发展机构的补充，这些机构包括亚洲开发银行、伊斯兰开发银行和世界银行。亚投行行长由经验丰富的银行家金立群担任，世界各国都愿意认购亚投行的股本金，证明了亚洲的发展实力，也预示着一个现代多边机构在世界上发挥作用的空间。亚投行在短时间内发展壮大，目前在全球拥有80多个成员国。其中，欧盟已成为亚投行的重要合作伙伴，包括德国、法国、英国和瑞典在内的14个欧盟成员国已成为亚投行的成员国。

这进一步说明，"一带一路"并非完全由中国主导。虽然迄今为止，官方数据显示，亚投行为"一带一路"提供了大部分资金，但是，"一带一路"项目也欢迎其他多边开发银行追加投资，如亚洲开发银行、世界银行、欧洲复兴开发银行和欧洲投资银行，也欢迎国际商业银行和其他私人投资者投资。"一带一路"的某些投资是通过联合融资实现的，通过这种方式，可以共享金融资源，分散金融风险。亚投行已经批准了若干项目，将与欧洲复兴开发银行、亚洲开发银行和世界银行等其他多边开发银行联合融资。

金融一体化是"一带一路"倡议成功实施的基础。要做的事情还很多，各国要深化在亚洲的金融合作。我们应加强金融监管协调，鼓励签署双边金融监管合作谅解备忘录，建立本地区有效的监管协调机制。

全世界热切盼望亚投行成立的原因之一在于，亚投行不受过去的束缚。亚投行之所以能够在"一带一路"中发挥关键作用，其优势之一是它不受历史规则的束缚，而布雷顿森林体系下的金融机构则相反，由于传统规则的约束，有时限制了自身的发展能力，无法适应现代世界不断变化的环境。

例如，国际货币基金组织是一个复杂的组织，吸收了许多精英，但是，他们也无法摆脱大股东的强力指导，有时甚至是干预。其中，美国尤其扮演着重要角色，由于拥有17%的投票权，美国有权阻止任何重大举措。相比之下，中国仅占3.8%的投票权。此外，国际货币基金组织的总裁历来都是欧洲人担任。目前，其24名成员组成的董事会中，有9名欧洲执行董事，而且，要求增加新兴市场代表的呼声遭到抵制。其他高级职位也由少数利益相关者担任，例如，第一副总经理永远来自美国。国际货币基金组织的美国执行董事向美国财政部报告，并接受美国财政部的指示。

世界主要大国要在布雷顿森林体系下的银行机构中要起主要作用，这是可以理解的，但是，这也意味着这些机构的决定会被政治化。现在，是时候让国际货币基金组织真正走向全球，基于能力而非基于国别来遴选其领导层。这些多边机构应该像企业界学习，专注于吸收全世界最优秀的人才。这些机构实现精英管理为主导后，它们在世界各地的影响力也会增强。

国际货币基金组织是在1944年构想建立的。这些年来，尽管世界发生了翻天覆地的变化，但是，国际货币基金组织的结构基本保持不变。在与国际货币基金组织打交道的过程中，我发现，拥有一个永久执行董事会的体系尤其会适得其反。国际货币基金组织吸收精英负责日常运行，但他们的行为受到常驻董事会的约束，这压缩了管理空间，降低了操作的灵活性。尽管有必要设立董事会，从而对国际货币基金组织进行监管，但董事会以全日制的形式一直待在国际货币基金组织位于华盛顿的总部，削弱了管理层采取行动的能力。在当今这个相互联通的世界，董事会没有必要保持当前的开会频率。相反，它可以每季度召开一次会议，在政策上提供明确的方向，并给予管理该组织的官员亟须的灵活性。如果突然需要咨询股东，可以通过视频会议进行联系。这样将降低运营成本，提高效率，同时不会减弱主要股东的作用。正如一位前欧洲成员告诉我的："国际货币基金组织需要设立有权力的总裁或首席执行官一职。"

这些问题是可以预见的。国际货币基金组织创建伊始，著名英国经济学家凯恩斯（John Maynard Keynes）便对该组织的结构提出了批评。在《凯恩斯传》中，英国历史学家罗伯特·斯基德尔斯基（Robert Skidelsky）描述了国际货币基金组织和世界银行的创立："英美两国的分歧主要体现在两个方面：国际货币基金组织和世界银行的地点，以及国际货币基金组织的运作方式。英国希望这两个机构不受政治影响，根据技术标准作出决策。为此，英国希望将两个机构设在华盛顿以外，尤其希望国际货币基金组织不受执行董事及其下属的影响，国际货币基金组织拥有12名非全日制执行董事及候补成员，领非全日制报酬，代表其国家或区域。

美国希望将国际货币基金组织和世界银行设在华盛顿，设立全职的执行董事职位，报酬丰厚。美国还设想招募 300 名技术人员，但是，凯恩斯认为 30 人'足以处理国际货币基金组织的业务'。"最终决定对美国有利，凯恩斯"感到自己犯了一个严重的错误"。他的担忧有先见之明，因为设立永久的常驻董事会影响了国际货币基金组织的运行效率。

这些管理问题并非国际货币基金组织独有。世界银行和亚洲开发银行也设有常驻执行董事会。伊斯兰开发银行和现在的亚投行几乎是唯一两个没有遵循这种模式的多边机构。亚投行已将相当大的权力委任给行长，方便银行的顺利运行。同其他全球性组织一样，这些机构的员工倾向于常年在那里工作。要着重保持高水平的业绩，吸收最适合的人才，这样才能确保这些组织由世界一流的人才负责运营。如今，许多国家面临不确定的经济前景，因此，这些机构的作用可以说比以往任何时候都更为关键，早就应该审视全球金融架构了。为了使这些多边机构的方案产生实际效果，现在是时候充分改革这些多边机构并使其符合现代管理标准。

世界银行行长一职一直都是美国人担任，在董事会选举之前，美国便宣布了对他们的任命。作为全球性的机构，业绩应该是其委任领导层的唯一决定因素。应该承认，许多行长和常务董事已经采取措施改善世界银行的管理。值得赞扬的是，詹姆斯·沃尔芬森（James Wolfensohn）在担任世界银行行长期间，进行了广泛的改革。他对银行机构进行了重组，并在有需要的地方对员工进行升级。但是，改革必须是一个持续的进程，需要做的事情还有很多。各国的持股比例应与国内生产总值水平保持一致。经济合作与发展组织成员国占世界国内生产总值的份额正在下降，人口数量也在减少。因此，各国的持股比例需要重新设置。大国应该认识到需要进行结构性改革，某些国家的作用需要合理化，如可以取消任何成员的否决权。

总的来说，亚投行是个机遇，可以纠正不公平和过时的全球经济基础设施。它建立在四个关键原则基础之上——任人唯贤、透明公开、为所有利益相关者提供公平竞争环境以及高标准的管理。假以时日，传统的国际融资体系将很好地适应现代世界的发展需求。在那之前，亚投行是个很好的机会，为国际金融行业引入新成员，制定新标准，同时，促进布雷顿森林体系的改革。

▸▸▸ "一带一路"：展望下个世纪

今天，许多国家面临的挑战是实现健康、可持续和包容性增长，必须实施结构性改革，推出多种活动。通常情况下，必要的经济措施不受欢迎，启动这些措施，也要付出很高的政治成本。

在改善亚洲和世界的互联互通方面，"一带一路"倡议已经取得了长足进展。在评估"一带一路"倡议的潜在影响时，世界银行表示："建设新的交通基础设施，完善已有的交通基础设施，相关区域合作和政策改革可以大幅降低贸易成本，增强互联互通，促进跨境贸易和投资，推动本区域经济增长。例如，因为大多数货物都是海运，从中国到中欧的货物运输时间大约是 30 天。火车的运输时间大约是它的一半，但考虑到目前的基础设施状况，火车运输成本则要高得多。因此，提高铁路基础设施的运力，改善铁路网，可以从根本上改变平均运输时间。虽然在新开辟的贸易路线上，铁路运输成本仍将高于海运成本，但时间和成本的降低将对某些货物产生重大影响，影响货运方式选择和国际贸易总量。"

我们正生活在前所未有的技术变革的黄金时代。然而，哪里有机会，哪里就有挑战。哪里有赢家，哪里就难免有输家。这些转变将产生一系列后果，从社会经济领域到地缘政治领域，人们的工作和生活方式正在迅速改变。对一些人来说，自动化意味着失去工作，失去生计。世界各地的决策者都在想方设法应对社会的重大变化，以及一个更加不确定和分裂的世界。贸易战的潜在威胁可能产生广泛的影响。不平等和贫富差距问题日益严重，如果处理不当，可能引发严重的紧张局势。总的来说，不论是国内措施还是国际行动，其复杂性对所有国家而言都是新的挑战。

这就是说，我们的领导层要有战略眼光，最大限度地利用全球化、越来越一体化的世界以及技术革命所带来的机遇。正如我所解释的，所有国家都需要有效地变革治理方式。各国政府应该集中精力改革监管体系，以适应不断变化的世界，但改革的方式要谨慎，不能扼杀创新。各国应该把握技术变革为社会流动带来的机遇，同时引导企业度过这一过渡期，教育人们如何利用创新造福自己。各国必须提供相关技能培训的机会，以释放所有这些变化所能带来的机遇。这样，在目前加强合作所取得的成就的基础之上，各国可以继续努力，打造一个更加光明、更加繁荣的未来。

建设新丝绸之路
解析"一带一路"倡议对现代世界的影响

第六章
保护环境

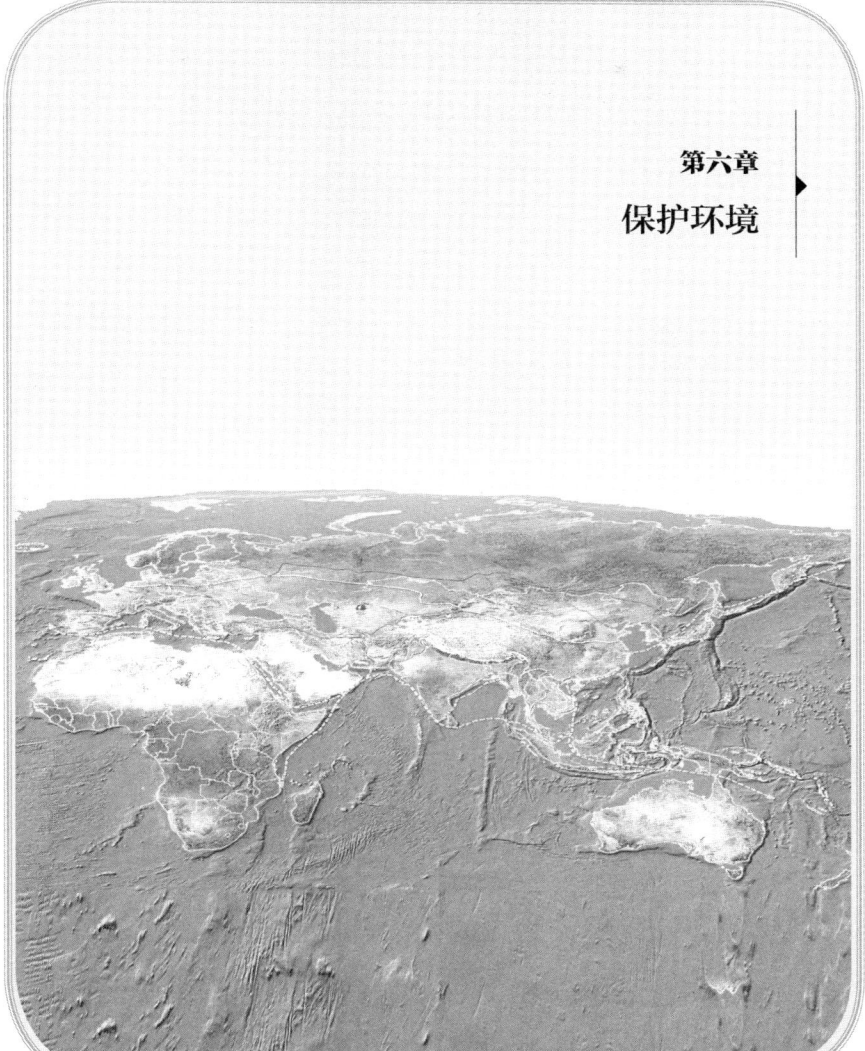

全球面临气候变化的威胁。世界各国已经经历了有记录以来最高的季节性温度,遭受了温度升高的负面影响,过去,科学家已经对这些影响做出了预测:冰盖融化,海平面加速上升,更持久、更强烈的海洋热浪以及洪水泛滥。季节改变明显,树木花期更早,已经对农作物收成和农业发展产生了重大影响,某些农产品产量增加,同时,另外一些农产品产量骤降。从更大范围来看,全球变暖将导致北冰洋地区夏季冰雪消融,此种状况将持续到 21 世纪中叶以后。自 1880 年有记录以来,全球海平面已上升约 8 英寸,预计到 2100 年,海平面将再上升 1 至 4 英尺。与此同时,自然灾害越来越频繁,破坏性更大。自 20 世纪 80 年代初以来,飓风的强度、形成的频率和持续时间都有所增加。

人们已经达成共识,认为这些趋势将继续下去。未来几十年,全球气温将继续上升,主要是由于人类活动产生的温室气体导致的。联合国政府间气候变化专门委员会(IPCC)的成员包括来自各个国家的 1300 多名科学家,根据政府间气候变化专门委员会预测,全球气温下世纪上升幅度在 2.5 至 10 华氏度之间。然而,未来几十年气候变化的幅度主要取决于全球温室气体排放量,这一点,决策者可以努力控制。

任何国家都无法独自应对这些可能对我们生活的环境造成的现实威胁。气候问题是需要采用协调手段解决的最明显例子。美国、中国、欧盟各国和印度等主要碳排放国必须采取共同行动,减少排放,建设以绿色能源为基础的世界经济。我们所有人的命运都岌岌可危,实现环境可持续发展是一项全球挑战。

许多国家已经认识到了这一点,开始意识到气候变化的巨大影响,他们了解到全球气温哪怕上升一点也可能造成的潜在危害。环境变化影响着政策制定的每一个环节。人们只需要看看自然灾害造成的人类生命和财产损失,就能理解倘若全球气候变化,引发的自然灾害将造成极大损失。

缔约方会议(Conference of the Parties)是《联合国气候变化框架公约》的最高决策机构,加强了国际协调。缔约方会议每年召开一次,并做出决定,使应对气候变化的目标得以实现。缔约方分为五个主要的联合国会员国区域集团:亚太国家;东欧国家;拉丁美洲和加勒比国家;非洲国家;西欧国家。区域集团每年轮流主办缔约方会议。近年来,缔约方会议吸引了越来越多的国家领导人参加。

2015年,联合国气候大会在法国巴黎召开,取得了显著成就。此次会议意义重大。在联合国20多年的谈判中,各国首次在气候

第六章 保护环境

问题上达成了具有普遍法律约束力的协议，承诺将全球气温升高幅度控制在 2 摄氏度的范围之内。这么多国家元首和政府首脑聚集在一起讨论气候变化问题，这么多国家共同参与解决气候变化问题，这在历史上属于首次。巴黎气候大会吸引了全球 195 个国家以及欧盟代表团参会。

《巴黎协定》于 2016 年 11 月 4 日正式生效，这是保护地球的承诺，将载入史册。它有助于将全球气温升高幅度控制在 2 摄氏度的范围之内，在 21 世纪将全球气温升幅控制在 1.5 摄氏度，并引入了审查机制，对各国的排放承诺进行审查。法国决定采取进一步行动，承诺最迟在 2020 年之前修订其承诺，并将为那些希望以法国为榜样的国家提供机会，组成联盟，共同努力，实现减排目标。此外，《巴黎协定》承诺从 2020 年开始，每年筹集 1000 亿美元资助发展中国家的气候行动。

同年，联合国秘书长潘基文概述了可持续发展议程的愿景。已经实施的"千年发展目标"帮助千百万人摆脱了赤贫。在此基础上，联合国秘书长提出了可持续发展目标，力求在 2030 年完成。可持续发展目标不仅要消除全球贫困并从根本上改善全世界人民的生活，而且也明显关注环境问题，认可生态可持续发展才是唯一出路。可持续发展目标旨在建设可持续城市，让发展中国家的所有人获得价廉、可靠、可持续的现代能源服务，扩大基础设施和进行技术升级。

推动城市可持续发展将使遏制全球变暖产生重大成效,可以与其他发展项目结合展开。联合国调查发现,尽管城市仅占地球表面的 3%,但却消耗世界能源的 60% 至 80%,产生的碳排放占全球总量的 75%。2016 年,90% 的城市居民呼吸不健康的空气,导致 420 万人死于空气污染。全球一半以上的城市人口暴露于污染程度至少比安全标准高 2.5 倍的空气中。根据联合国的可持续发展目标,到 2030 年时,减少城市对环境造成的不利影响,包括特别关注空气质量以及城市废物和其他废物的管理;到 2030 年时,让所有人,尤其是妇女、儿童、老年人和残疾人,都有安全、包容、无障碍的绿色公共空间;到 2030 年时,国际合作得到加强,以促进获取清洁能源研究结果和技术,包括可再生能源、能效以及先进和更清洁的矿物燃料技术。

这些多边协议无疑是向前迈出的积极一步。尽管如此,各国需要更加努力,以达成一项应对气候变化的全球协议和承诺。随着工业化进程的加快,人们越来越需要关注工业化对环境的破坏。全球化带来日益增多的投资机遇,互联互通更加密切,同时更多责任也随之而来。

与此同时,人类要从根本上改变行为方式。联合国的最新数据表明,全世界仍有 30 亿人仍在使用固体燃料和炉灶做饭,造成空气污染,占世界总人口的 41%。各国政府必须更加努力,让所有人,尤其是贫困人口,及时获得清洁能源服务。

▸▸ 评估"一带一路"对环境造成的潜在风险和整体影响

未来几十年,亚洲将成为世界发展的动力。因此,亚洲各国必须更加清醒地认识到气候变化和全球变暖带来的威胁,努力创造更加可持续发展的环境。

亚洲基础设施投资银行是为"一带一路"项目融资的主要多边机构。亚投行承诺,将确保投资项目的环境可持续性。亚投行表示:"我们公布了'亚洲可持续能源战略',为亚投行投资能源项目设立了明晰框架,将促进亚洲数以百万计民众获取清洁、安全、可靠的电力。"

为落实这一战略,亚投行支持成员履行《巴黎协定》相关承诺:"将全球平均气温升幅较工业化前水平控制在2摄氏度之内,并为把升温控制在1.5摄氏度之内而努力。"这是一个利好的承诺。亚投行表示,支持成员基于《巴黎协定》的"自主贡献"等能源投资计划:"将在投资中优先关注可再生能源项目,提高现有基础设施能源效率的项目,升级和改造输送网络等基础设施的项目。亚投行将同其他多边开发银行、双边机构和在亚洲运营的私营企业合作。随着时间的推移,亚投行还将开发金融工具,与潜在金融中介机构合作,投资可再生能源项目和提高能源效率的项目。"

中国处在亚洲发展的最前沿,清醒地认识到实现可持续增长的必要性,要引领该区域应对环境退化问题。

无论是在国内还是国际上,中国在推动绿色金融发展中功不可没。绿色金融将环境问题纳入金融决策,旨在推动经济向更加环保的方向转型。绿色金融更加注重促进绿色投资,避免或减少危害环境的投资。在担任二十国集团(G20)主席国期间,中国将这一议题置于重要位置,这在一定程度上促成了绿色金融研究小组(Green Finance Study Group)的成立。2016年,国家"十三五"规划明确提出构建绿色金融体系的目标。中国人民银行和欧洲投资银行也在共同努力推动绿色金融发展,推动绿色金融的定义和标准的一致化,促进跨境绿色资本流动。在中国经济增长的大力推动下,绿色金融已经在全球范围内迅速发展。2016年,绿色债券的发行量已经达到800亿美元,这距离发行绿色债券才不到十年。我们要努力扩大发行规模,在世界各地普及绿色融资。推出"一带一路"倡议后,中国可以利用这个机会,帮助其他伙伴国家提高绿色金融意识,参与绿色金融项目。

所有参与"一带一路"项目的国家都应该了解,大型基础设施项目可能会对环境造成深远影响,在此基础上,他们安排推进拟开发项目。人们大规模地修建道路、架设桥梁、敷设铁路,同时也了解并关注这些项目对气候变化和地球的未来产生的影响,这种操作在历史上尚属首次。这就是"一带一路"倡议有别于以往基础设施建设项目的地方,包括工业革命到第二次世界大战后的欧洲重建。决策者、投资者和开发商都应该欢迎这种文化转变,接受这种全球化的可靠的新方式。这些宏大的开发项目可能带来风险，应对这些风险对"一带一路"倡议的成功实施至关重要。想要通过最有效的方式实现"一带一路"倡议的发展目标，所有相关伙伴国家都必须发挥作用，促进实现可持续发展。

大规模基础设施开发会破坏环境，如砍伐森林、水土污染、温室气体和其他空气污染物的排放以及噪音污染。此外，项目开发也会对社会发展造成冲击，导致居民迁移，耕地减少，破坏当地的文化，扰乱当地的生活方式，从而产生深远影响。由于人们的生计依赖当地自然资源，项目开发造成的环境影响和社会冲击紧密交织。如果没有可持续地管理一个项目，采用低标准进行开发，导致污染水平上升，或造成供水污染，可能会对当地社区造成毁灭性的影响。破坏当地环境、阻断人民生计可能造成社会动荡，引发法律纠纷，从而导致项目延期、成本增加甚至项目取消。造成的环境影响也可能不局限于当地，而是扩展到全球。例如，基础设施建设和使用产生的碳排放占全球总排放量的约60%。总的来说，据估计，2000—2010年，基础设施造成全球10%的热带雨林消失，是温室气体排放的主要来源，也是气候变化的主要驱动力。

所有这些都明确激励世界各国政府立法，确保所有新的开发项目与全球目标一致，应对气候变化，实现联合国可持续发展目标。其一，加强监管碳排放和其他影响环境的因素；其二，明确激励那些采用最现代化的可持续发展标准的公司；其三，加大投资可持续发展领域的研发和创新。

▸▸▸ 提供机遇打造更加可持续发展的世界

大型基础设施建设项目带来了上述挑战，同时，也为推动可持续发展提供了机遇，并鼓励向更可持续的商业实践和生活方式进行转变。尤其是随着"一带一路"倡议的实施，能够为项目开发树立新标准。

基础设施项目建设是"一带一路"的核心，国际社会最关注的是项目建设带来的潜在投资机会。公路、铁路、港口、机场、能源和通信基础设施项目都被列为"一带一路"倡议的优先领域。大量基础设施项目已经在建设中，包括孟加拉国和巴基斯坦的燃煤电厂和公路项目、尼泊尔的水电项目以及一条连通中国和新加坡的铁路线。交通和通信基础设施的开发应能促进贸易和金融一体化、政策协调以及加强文化联系。所有这些因素，尤其是加强政策协调，都有可能促进可持续发展。由于"一带一路"倡议高度重视可持续发展，尤其有利于伙伴国家制定更强有力和更有效的政策，确保基础设施投资有助于实现全球的可持续发展目标。

为"一带一路"融资设定可持续发展条件，可能会产生变革性影响。由于其庞大的规模，"一带一路"能够带来大量合同和

第六章
保护环境

商业机会。据估计,建筑行业消耗了全球生产的原材料的一半。如果在修建基础设施时,要求使用最可持续性产品,那么这些产品的市场规模将显著增长,引起整个行业的商业实践发生巨大变化。同样的,如果要求所有的承包商和服务供应商都应用环境管理系统,全球范围内将产生对可持续发展企业的新需求。据估计,在政府和社会资本合作的提案申请中,倘若30%～50%的提案申请中涵盖了可持续发展标准,那么可以将多达130亿美元的私人投资用于培养能力,设计、建造和经营可持续性基础设施。因此,可持续基础设施有可能提供就业机会,促进经济增长,同时也有助于发展低碳节约型的经济,可以应对气候变化,这才是推动持久进步的真正途径。

2012年伦敦奥运会证明,将可持续发展与采购计划结合,可以为一个行业带来显著的环境效益和长期变化。建设奥运会所需设施,产生的影响包括减少建筑材料的使用,增加使用创新材料和提高能源效率。例如,设定使用低碳混凝土的目标,对承包商提出要求,使他们改变自己的采购政策,转而采用更加环保的政策,从而确保今后的发展也按照更可持续的标准进行。

公开透明是关键,以确保这些基础设施项目可以最大限度地提高现有可持续发展标准。必须鼓励"一带一路"倡议的参与者保持最大程度的开放。这不仅有助于确保项目实施符合环保要求,也能帮助提高项目的实施效率,确保有效地利用资源。良好的管理是另外一个重要因素，确保将可持续性成功纳入采购过程。各国政府要打造一个辅助法律框架，掌握专业技术，以确定实现可持续发展所需的标准，同时要保证项目进展过程中的责任制。

参与"一带一路"建设的许多国家尤其容易受到大规模开发可能带来的环境影响。这就是说，"一带一路"倡议将为所有相关项目设立高标准，从而帮助沿线国家，保护他们免受未来的自然灾害。例如，中亚和南亚面临的主要挑战是水资源短缺。包括阿富汗、印度、哈萨克斯坦、吉尔吉斯斯坦、巴基斯坦、塔吉克斯坦、土库曼斯坦和乌兹别克斯坦在内的国家经常缺水。东南亚遭受滥砍滥伐的问题，柬埔寨、印度尼西亚、老挝、缅甸和越南的森林砍伐量都很高。管理这些环境和社会风险，决定哪些投资是可持续的，将是"一带一路"新投资面临的关键挑战。

此外，"一带一路"的好处之一是随之而来的技术转让。倘若一个国家获得投资，展开"一带一路"倡议的某个宏大的基础设施项目，按照合同，其有机会让中国工程师和工人来帮助建设该项目。特别是对发展中国家来说，这将使它们能够使用更现代化的方式来建造这些项目，同时，本国的工程师也能学会这些方法并在未来的工作中加以运用。

中国政府已经认识到，基础设施建设可以推动变革。这方面的潜力是巨大的，"一带一路"倡议可以发挥巨大作用，帮助伙伴国家实现更可持续的经济发展模式。这也将中国推向最前沿，引领全球实现可持续发展，应对气候变化。特别是这将提供一个重要机遇，让中国企业成为建设可持续基础设施的领导者。展望未来，决策者和公民都将越来越多地要求打造符合可持续低碳增长的基础设施。正因为此，有人将对可持续基础设施的投资描述为"未来的增长故事"。"一带一路"投资总额的潜在规模说明，"一带一路"倡议可以做出重大贡献，减少全球碳排放，实现《巴黎协定》上制定的限制全球气温上升的共同目标。这个长期潜力不应被低估，毕竟基础设施项目存在时间长，未来两三年的投资决策将决定我们接来下几代人的命运。

▸▸ 所有利益攸关方都在建设可持续未来中发挥作用

各国政府和联合国等多边机构起领导作用，使世界实现绿色发展。但是，同时，也应鼓励私营企业和民间社会的其他利益攸关方积极参与并做出贡献。某些公司习惯了不愿追求可持续采购，因为这种方式通常成本更高、耗时更久。因此，要鼓励这些公司改变思维方式，以便越来越多地将长期问题纳入决策程序。

投资者很关键，通过确保项目遵守环境保护机制和社会保障机制，以及通过支持和激励最佳做法和创新，投资者可以影响项目的可持续发展。中国和国际上"一带一路"倡议的利益攸关方都有机会推动更可持续的基础设施建设，将可持续建设作为他们对这些项目的支持条件之一。

目前银行普遍的做法是对潜在投资进行一定程度的环境和社会方面的尽职调查，以尽量最小化潜在风险。此外令人鼓舞的是，私营企业越来越重视可持续投资。许多银行制定了目标，增加对可持续或绿色项目的投资。

许多开发银行已经制定了可持续或绿色的投资战略。它们往往侧重于环保方面，如低碳发展、保护自然环境和致力于可持续的自然资源管理。它们倾向于设定目标，要么支持一定比例的绿色或可持续投资，要么减少投资组合对环境的影响。例如，2013年，亚洲开发银行（Asian Development Bank）设定的目标是，其半数业务应以"环境可持续性"为主题。参与"一带一路"项目融资的国家开发银行（China Development Bank）和中国进出口银行（China Export-Import Bank，Exit Bank）要求对贷款申请进行环境影响评估。两家银行还打算增加绿色金融，以支持政府建立绿色金融体系和促进可持续发展的目标。

新成立的多边开发银行（包括亚洲基础设施投资银行和新开发银行 New Development Bank）继续制定其政策框架。在此过程中，可持续性问题也是它们关注的一个重要问题。亚投行已经表示，其目标之一是"精益、清洁和绿色"，这将是确保"一带一路"项目达到高环保标准的关键。2018年8月，亚投行迈出了可喜的一步，启动了《可持续城市战略》（Sustainable Cities Strategy），旨在使亚洲城市在经济、环境和社会方面均实现可持续发展，使之成为"绿色、有弹性、高效、可达、繁荣"的城市。这是一个受欢迎的信号，来自"一带一路"倡议的一个关键部分，表明可持续发展被置于其工作核心。

展望未来——"一带一路"建设和可持续发展未来

由于规模宏大，中国的"一带一路"倡议预计将起重要作用，决定2015年达成的具有里程碑意义的《巴黎协定》设定的目标是否能够实现。"一带一路"倡议预计将向基础设施领域投入数十亿美元，从而影响多个地区和各大洲的众多国家。因此，"一带一路"的投资对帮助各国实现低碳可持续发展大有裨益。如果明智地着眼地球的长期发展，"一带一路"倡议能够为应对全球气候变化的挑战做出重大贡献。全球气候变化这一挑战理应让许多人感到担忧。

要取得持久的成功，取决于两个因素：第一，确保大规模的基础设施建设以对环境负责的方式进行。基础设施建设是"一带一路"倡议的内容之一。中国承诺在未来的项目中实现可持续发展，并成为绿色金融的主要推手，但是，这些事情不是中国一家能完成的，"一带一路"建设的伙伴国家也要发挥重要作用。第二，通过技术转让和在合同中提出要求，可以有机会在发展中国家间传播更高的可持续发展标准，这反过来又可以促进当地工业转型并使其走上更加注重环保的发展道路。

另外一个积极的进展是国际级的可持续采购经验在增多，多边开发银行和欧洲开发金融机构现在正日益推动更高的投资标准。中国政策性银行一直对提高其投资的可持续性有着浓厚的兴趣。在改变伙伴国家乃至消费者的观念方面仍有许多工作要做，以便他们也能成为推动实现更可持续未来的驱动力。国际银行还需要采取更多措施，优先考虑可持续性，以达到中国金融机构已经具备的标准。

中国现在有机会站在这些努力的最前沿，并在投资实践中展现全球领导力。为了打造更进一步的"生态文明"，中国已经对经济的许多方面进行了改革。这在一定程度上是为了给投资者创造正确的激励机制，并通过共同努力促进绿色金融的传播。基础设施建设方面也可以实现类似的转变。"一带一路"倡议有潜力成为世界可持续发展的引导力量。鼓励在合同中纳入可持续发展标准，要求"一带一路"项目的所有承包商遵守高度透明的标准。这有助于制定包括可持续发展要求的标准投标文件。对于较不发达国家，当局可能没有这种要求，提供这种文件是鼓励可持续采购的一种简单方式。

很快，中国将发挥战略领导作用，帮助世界实现其可持续发展目标。气候变化对全球造成威胁，每年，新闻都报道由于洪水、

第六章
保护环境

火灾和飓风造成的新的破坏,我们已经看到的变化产生的影响对公共财产和社会福利的各个方面造成了巨大的压力。我们需要加快全球经济向低碳经济转型,当心不可持续发展的陷阱。总的来说,为了保护我们的地球不受全球变暖及其带来的挑战的影响,全球需要重新聚焦,打造可持续、全面和基于规则的发展方式,实现互联互通。

建设新丝绸之路
▶▶▶ 解析"一带一路"倡议对现代世界的影响

结 语

"一带一路"倡议：
有潜力成为世界可持续发展的主要驱动力

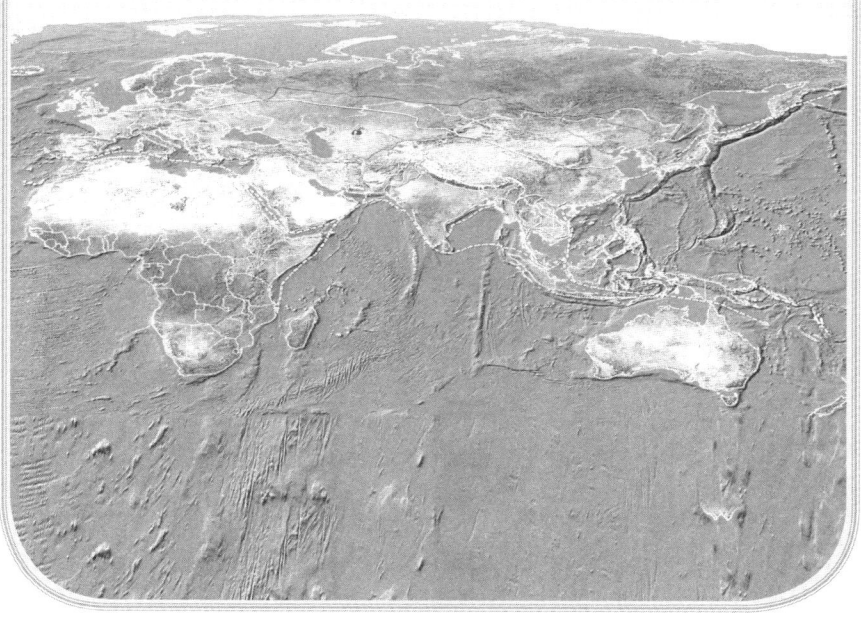

结语

"一带一路"倡议：有潜力成为世界可持续发展的主要驱动力

我们即将迈入新的十年，全球地缘政治环境迅速变化。随着亚洲日益崛起，世界权力的天平不再偏向西方。与此同时，现有多边联盟的作用正在减弱，旧的冲突再度出现，数个世界大国将更多重心放在处理国内事务上。

我们当前生活的时代极其动荡、变幻莫测，这在诸多方面都有体现。面对全球金融危机的冲击以及反恐战争的广泛影响，我们越来越清晰地看到西方在政治、经济和军事方面的主导地位减弱，取而代之的是一个更加多极化的世界。同时，关税和贸易战等新壁垒出现，可能威胁到全球繁荣。

因此，我们几十年来熟知的地缘政治基础逐渐为一种新常态让路，这种转变会导致一段时间的不确定性加剧。我们如何适应这种新常态将决定我们以及子孙后代的未来发展。同时，我们共同面临的挑战日益变化，愈加复杂。这些挑战包括极端主义和恐怖主义的蔓延，经济危机的威胁，以及在中东肆虐的冲突及其引发的后果，如大规模移民。在世界日益全球化的今天，这些挑战的影响范围比以往任何时候都更加广泛，万里之外的国家面临的问题可能在全球造成影响。

亚洲在国际舞台上的地位日益突出,面对新势力均衡的出现,各方必须成熟应对,从而为所有国家带来双赢。世界主要大国不应将彼此视为竞争对手,而要将重点放在更密切的高层互动和增加使用软实力。我们需要更多的大国崛起,为全球经济增长做出贡献,建设一个更加繁荣的世界。

此时,要保护本国权益,最佳途径就是与他国建立相互联系、相互依存的关系。这适用于相邻国家、相邻区域和世界大国之间。有了共同合作的出发点,才能确保各方在紧张局势出现时都保持冷静。国际合作是和平的真正保障。必须认识到潜在的紧张局势,并通过对话和外交寻求解决方案。必须解决欧洲内部的口水战,从长远来看,对任何欧洲其他国家或邻国采取敌对态度,都不会使该欧洲国家获益。相反,欧洲各国要增强接触,强调共通点,建立联系,以便在尊重彼此主权的同时发展更好的关系。

未来几年,"一带一路"倡议将继续吸引各国关注,不断引发讨论。"一带一路"倡议规模庞大,这就是说,它已经在该地区吸引了海量投资,并在全球引发了一场辩论,探讨全球化贸易、外交和地缘政治影响力版图的发展未来。总的来说,"一带一路"倡议预计将向基础设施领域投入数十亿美元,从而影响亚洲、非洲和其他地区的国家的发展。毫无疑问,"一带一路"倡议的主要优势之一是其背后的驱动力。通过一个宏大的包罗万象的愿景,这么多的国家团结一心，能够促进大规模项目的交付。

习近平主席首次提出这个宏伟方案时，旨在通过亚欧大陆的共同努力，改善贸易和交通线路，将丝绸之路沿线 80 个经济体连通，从而开辟新途径，将亚欧国家的交往、合作和发展提升到一个新高度。"一带一路"倡议将惠及世界三分之二的人口。尽管"一带一路"倡议进一步延伸至文化、思想和技术交流领域，但其焦点目前仍是完善基础设施建设，打造陆路和海路贸易路线以及数字高速公路。

"一带一路"倡议不乏批评者。对于所有宏大的项目而言，项目的具体实施才是它们面临的主要挑战，"一带一路"倡议亦是如此。不过，倡议已经迈出了积极的一步，推进更广泛的合作和互联互通，为许多地区带去了投资的浪潮，在过去，这些地区在许多情况下都缺乏充足的资金。"一带一路"倡议树立了榜样，展示了此类经济倡议如何推动区域和平与繁荣。

尽管这一大型倡议的未来尚不明朗，但是我们可以通过回顾其前身，即古代丝绸之路，来分析这一大型互联互通的项目所产生的益处。丝绸之路有两千多年的历史，这已经说明了丝绸之路的成功。丝绸之路是一张海陆贸易交通网，从中国出发，东至朝鲜和日本，南经中亚抵达南亚，西至土耳其和意大利。除丝织品外，丝绸之路上贸易的其他商品有玻璃、棉花、羊毛，诸如黄金、白银、玉器的贵重物品、盐、香料、中药、水果、鲜花和马匹。

建设新丝绸之路
解析"一带一路"倡议对现代世界的影响

　　古代丝绸之路的重要意义远远不止经济效益,其不仅是一条通商易货之道,更是一条知识交流之路。在丝绸之路上,人们既交易丝绸等贵重物品,也交流文化、传播技术。东西方国家在音乐、戏剧表演方面互相学习,交换乐器。例如,由于丝绸之路的传播,中亚音乐在中国流传。哲学及宗教思想也经丝绸之路传播,增加了不同背景的人们之间的相互理解和相互包容。两千年来,生活在东西方交界区域的人们可能种族不同,文化和信仰也不同,但是依然共存并发展繁荣。丝绸之路消除了民族间的界限,打破隔阂,让民族差异和多样性从劣势转为优势。

　　同样,"一带一路"倡议对世界的贡献也远远不止完善的基础设施建设。到目前为止,"一带一路"倡议已经促成制定了大量计划,涉及互联互通的各个方面,包括打造丝绸之路智库网、定期举办论坛、开展广泛研究等。

　　从某种意义上说,历史是不断循环往复的。2013年,"一带一路"构想开始实施后,投入了大量资源,有力证明了主导和定义欧亚历史的旧秩序正在重建。在亚洲的主干道上,人们重新连接旧的交通网。民族、文化和资本自由流动的传统重新在世界各地流行开来。丝绸之路又一次开始确立它的经济和文化地位。

　　在许多方面,巴基斯坦都是最早一批成功推行"一带一路"项目的国家之一。来自中国的460亿美元投资,无疑会改变这个国家的游戏规则,并有可能真正改变其经济格局。预计该投资将在巴基斯坦创造新的就业机会，促进经济发展，催生新产业。通过开放瓜达尔港，开辟经由巴基斯坦的海上通道，将对巴基斯坦的发展起到翻天覆地的影响，并创造一条重要的贸易路线，从中国通往海湾地区。

未来，为了维持两国的密切关系，中巴双方应该共同努力，应对共同面临的挑战，如安全问题。安全问题是该区域所有国家和全世界共同面临的问题，解决这个问题的关键在于两国要聚焦继续加强联系，保持互联互通，促进和加强双边关系。

中巴双方的互动也不应局限于已有的中巴经济走廊项目。我认为，中国可以进一步增强在巴基斯坦的投资，尤其是投资在中国能够提供设备和专业知识的行业，如发电工程、基础设施建设和大坝建设，从而从中获得更大的发展潜力。这些项目也需要资金支持，不过，完成这些项目，能够有助于实现一个稳定的巴基斯坦，加强中巴牢固且源远流长的双边关系。巴基斯坦需要重大的基础设施投资，巴方鼓励中国在这个领域施以援手。中国公司可以投标参与开发新项目。现存的基础设施，如具有象征意义的喀喇昆仑公路，可以扩建和升级。此外，如果可行的话，中巴双方还可以合作铺设互联互通的铁路、光缆和油气管道。

展望未来几十年，地缘政治将发生深刻变化。预计中国将在大约十年内成为世界上最大的经济体。这不足为奇。在许多方面，中国已经在世界舞台上崭露头角。毫无疑问，中国是一个全球大国，并得到国际社会的承认。尽管如此，中国成为世界第一个经济体的那一刻，将使世界秩序发生历史性转变。数百年来，西方国家一直主导世界秩序。

几乎在所有情况下，经济合作都是解决任何潜在紧张局势的关键。"一带一路"倡议也将在这方面发挥关键作用，为整个国际社会而非仅仅参与倡议的60多个国家带来贸易和生产规模扩大以及更加繁荣的经济。这个大胆的倡议为世界其他国家树立了榜样，阐释如何通过国际开发与合作实现经济增长和繁荣。

展望未来几十年，许多国家面临的挑战是实现健康、可持续和包容性增长。必须实施结构性改革，推出多种活动。决策者要清楚地意识到，推行和实施可信有效的结构性改革是一个持续的过程，其本质可能会造成短期痛苦。要巧妙地让公众和其他利益相关者相信这些改革是为了他们的最佳利益。如果推行超前的改革措施，有时可能会导致领导人在选举中落败。但是，无论如何都要推行这些改革。所有国家，不论发展中国家还是发达国家，都亟需进行改革，那些仍然固步自封的国家可能会被其他国家甩在后面。

气候变化对全球造成威胁。每年，新闻都报道由于洪水、火灾和飓风造成的新的破坏。我们已经看到的变化产生的影响对公共财产和社会福利的各个方面造成了巨大的压力。我们需要加快全球经济向低碳经济转型，加强兑现减缓全球变暖速度的承诺，当心不可持续发展的陷阱。总的来说,为了保护我们的地球,全球需要重新聚焦,打造可持续、全面和基于规则的发展方式,实现互联互通。

由于规模宏大,中国的"一带一路"倡议预计将起重要作用,决定2015年达成的具有里程碑意义的《巴黎协定》设定的目标是否能够实现。对所有参与"一带一路"项目的国家和投资者而言,这是一个重大的责任。因此,"一带一路"的投资对帮助各国实现低碳可持续发展大有裨益,从而为应对全球气候变化的挑战做出重大贡献。

中国有机会站在这些努力的最前沿,展现全球领导力,打造一个更绿色、更安全、更加生态友好的世界。中国的"一带一路"倡议有潜力成为世界可持续发展的主要驱动力。中国已经取得了实质性进展。为了打造更进一步的"生态文明",中国已经对经济的许多方面进行了改革。这在一定程度上是为了给投资者创造正确的激励机制,并通过共同努力促进绿色金融的传播。基础设施建设方面也可以实现类似的转变。鼓励在合同中纳入可持续发展标准,要求"一带一路"项目的所有承包商遵守高度透明的标准。

中国重启丝绸之路之时,世界许多地区正遭受领导力短缺和合作危机。在许多方面,中国政府已经介入,怀着雄心壮志和令人钦佩的愿景,填补区域领导层的空白。

我坚信,领导人个人有能力左右人民的命运。最典型的例子就是巴基斯坦国父穆罕默德·阿里·真纳（Muhammad Ali Jinnah）。他坚持不懈地为巴基斯坦的成立而奋斗，他的奋斗愿景是给穆斯林一个家。穆罕默德·阿里·真纳富有远见，决心从英国统治下获得独立，为印度的穆斯林提供公平的解决方案。即便在逆境中，他也坚持不懈，最终取得了成功。我们必须向我国历史上的伟大领导人学习，学习他们的经验，将其应用于现代。战略领导人担心下一代的发展，而不是下届选举。他们清正廉洁、公正透明，治理国家，为后人树立了学习的榜样。

"一带一路"是个良机，美国、俄罗斯、欧洲国家和日本等世界其他大国可以在中国"一带一路"倡议基础上，实施自己的倡议，同样鼓励更广泛的协同合作和互联互通。全世界共同面临越来越多的挑战，没有任何一个国家可以单方面解决这些挑战。现在，是时候研究如何开展国际合作，并将合作延续下去。世界主要大国必须联合起来，带头前进，加强合作，迎接新的世界秩序。